T0194496

Rettungsring Paartherapie?!

Dagmar Meister

Rettungsring Paartherapie?!

Wie Paartherapie in Krisen
helfen kann

 Springer

Dagmar Meister
London, UK

ISBN 978-3-662-67278-5   ISBN 978-3-662-67279-2   (eBook)
https://doi.org/10.1007/978-3-662-67279-2

Die Deutsche Nationalbibliothek verzeichnet diese Publikation in der Deutschen Nationalbibliografie; detaillierte bibliografische Daten sind im Internet über http://dnb.d-nb.de abrufbar.

Planung/Lektorat: Wiebke Wuerdemann
Springer ist ein Imprint der eingetragenen Gesellschaft Springer-Verlag GmbH, DE und ist ein Teil von Springer Nature.
Die Anschrift der Gesellschaft ist: Heidelberger Platz 3, 14197 Berlin, Germany

Vorwort

Zum Auftakt und um einen Eindruck zu vermitteln, was Paartherapie für zwei Menschen bewirken kann, folgt hier das Zitat eines Paares, mit dem ich gearbeitet habe. Es werden einige Elemente erwähnt, die Teil vieler Paargespräche sind, wie z. B.: das Bedürfnis von beiden, gesehen und gehört zu werden; das Verständnis, dass beide die eigenen Schmerzen auf den/die PartnerIn projiziert hatten; als auch dass manche Dinge Zeit brauchen und man vielleicht zu einem späteren Zeitpunkt darauf zurückkommt.

„Nach fast 40 Ehejahren war unsere Beziehung am Rande der Scheidung. Wir waren beide auf der Suche nach einem neuen Zuhause und wussten nicht, wie wir das Ruder herumreißen sollten. Wir hatten bereits mit mehreren PaartherapeutInnen gesprochen, aber bei keiner/keinem von ihnen hatten wir ein gutes Gefühl. Als letzten Versuch, der Liebe, die wir noch füreinander fühlten, eine Chance

zu geben, haben wir Dagmar kontaktiert. Es waren ihre
Website und die aufgezeichneten Podcasts, die uns das
Gefühl gaben, eine andere Art von Therapeutin gefunden
zu haben als die, die wir bisher kennengelernt hatten.

Sie war wie ein frischer Wind. Wir fühlten uns beide
von ihr gesehen und gehört. Sie konnte uns zeigen,
wenn wir unsere eigenen Schmerzen auf den anderen
projizierten. Und zwar tat sie dies in einer liebevollen,
klaren und lenkenden Weise. Wir hatten auch beide
Einzelsitzungen, in denen wir ein bisschen mehr als in
den Gesprächen zu dritt unser Herz ausschütten konnten.
Schon nach den ersten Sitzungen hatten wir den Eindruck, dass wir die Richtung gewechselt hatten: von
„getrennt" zu „wieder zusammen".

Etwa sechs Monate nach dem Ende der Paargespräche
hatten wir noch einige Stunden, um die alten Verletzungen, die noch nicht vollständig geheilt waren,
ihrem liebvollen Blick zu übergeben. Jetzt, zwei Jahre
nach Beginn unserer Gespräche, können wir ihr für ihr
Engagement und ihr Fachwissen nur sehr dankbar sein.
Zwischen uns läuft es wieder wie in alten Zeiten!"

Frau und Herr G. aus Frankreich

Einleitung

Paartherapie – jeder kennt das Wort, aber viele Menschen haben keine Ahnung, was in einer Therapiesitzung tatsächlich passiert. Natürlich wird jede/r PaartherapeutIn die Gespräche etwas anders strukturieren, doch gibt es viele Elemente, die alle Sitzungen gemein haben und die ein Paar von einem/r TherapeutIn erwarten kann.

Dieses Buch gibt einen Einblick in die Paartherapie und erklärt, warum ein Paar in manchen Situationen die Hilfe und Unterstützung eines/r TherapeutIn benötigt, um Probleme lösen zu können, und was nötig ist, um gewünschte Ziele zu erreichen. Es beschreibt die komplexe Welt von Paarbeziehungen und die unterschiedlichen Aspekte, die Teil jeder Paarbeziehung sind; über die sich jedoch viele Paare nicht im Klaren sind. Es kann kapitelweise oder von Anfang bis Ende gelesen werden.

Das Buch behandelt eine Frage, die sich viele Menschen stellen und die eine Sorge ausdrückt. Ist Paartherapie eine gute Idee? Die Vorstellung, man könnte beschuldigt, beschämt oder verurteilt werden, hält Paare oft davon ab, Unterstützung zu suchen. Warum ist diese Angst so verbreitet? Alle Paare, ob verheiratet oder in einer Partnerschaft lebend, befinden sich in einer verletzlichen Situation, wenn sie ihre Probleme nicht mehr lösen können. Die Vorstellung, dass nicht nur der/die PartnerIn, sondern auch der/die TherapeutIn mit dem Finger auf einen zeigen könnte, man als „Schuldiger" abgestempelt werden könnte, lässt viele Menschen zurückschrecken.

> Meiner Einschätzung nach ist es wichtig, dass ein/e TherapeutIn sich im Klaren darüber ist, dass ein Paar mit vielen unterschiedlichen Gefühlen, Hoffnungen und Erwartungen kommt.

Ich arbeite seit vielen Jahren mit Paaren und es bleibt spannend, denn jedes Paar ist wie ein eigener Organismus, so einzigartig wie ein Fingerabdruck. Nicht nur, dass jedes Paar aus zwei Individuen besteht, mit jeweils einer eigenen Geschichte und eigenen Erfahrungen, Prägungen und Werten; darüber hinaus bilden sie zusammen eine eigenständige Einheit, die eine bestimmte Dynamik entwickelt. Zu verstehen, wie sich diese Dynamik entwickelt hat, ist eines der Schlüsselelemente der Gespräche.

Die verschiedenen Kapitel dieses Buchs sprechen unterschiedliche Aspekte an, die in einer Beziehung zum Tragen kommen. Die Gewichtung jedoch ist für jedes Paar anders, ebenso, ob ein bestimmtes Thema wie z. B. „Erwartungen" eine belastende oder aufbauende Rolle in der Dynamik spielt.

Die Paarbeziehung ist für die meisten Menschen von großer Bedeutung. Auch wenn viele von uns im Laufe der Jahre enttäuschende Erfahrungen gemacht haben, bleibt der Wunsch nach einer Partnerschaft meist bestehen.

Seit John Bowlby in den 1950er-Jahren die Bindungstheorie entwickelte, wissen wir, dass es ein Wunsch
der meisten Menschen ist, sein/ihr Leben mit einem/r
PartnerIn teilen zu wollen. Dieser Wunsch nach einer
engen emotionalen Bindung ist also etwas Natürliches (vgl.
Baumeister, R. F. und Leary, M. R. 1995, S. 497 ff.).

Trotzdem gehört die Paarbeziehung sicherlich zu den
größeren Herausforderungen im Leben. Für manche ist
sie entspannt, verlässlich und trägt zum Wohlbefinden
bei, aber für viele ist sie kompliziert, herausfordernd und
manchmal unverständlich.

Auch mit den besten Absichten gelingt es nicht immer,
mit dem/der PartnerIn die Beziehung aufzubauen, die sich
beide wünschen. Woran liegt es, dass es uns so schwerfällt,
eine langfristige Partnerschaft einzugehen, in der wir uns
wohlfühlen können?

Wie wir sehen werden, gibt es viele Gründe, warum
es problematisch und belastend sein kann, warum es oft
komplexer ist als wir glauben und es viele unterschiedliche
Ebenen gibt, die eine Rolle spielen. In einer Beziehung
gibt es so viele Aspekte, dass ein Paar in der Regel selbst
nicht alle überblicken kann. Ich werde versuchen, dies zu
erläutern.

Es gibt unterschiedliche Theorien, Ansätze und damit
Paartherapien; verschiedene Wege, Klienten zu helfen, die
von ihnen gewünschten Veränderungen zu realisieren; und
doch sind einige Grundlagen meines Erachtens gleich:

* die Notwendigkeit, eine gute, vertrauensvolle
  Beziehung zwischen TherapeutIn und Paar aufzubauen;
* die Fähigkeit des/der TherapeutIn, beiden PartnerInnen
  die nötige Aufmerksamkeit und den nötigen Freiraum
  zu geben, sich auszudrücken;
* in den Sitzungen keine Partei zu ergreifen und nicht zu
  urteilen.

In diesem Buch werde ich über meine Arbeit mit Paaren berichten und Ideen einflechten, die eine wichtige Rolle gespielt haben. Anhand von einigen fiktiven Fallbeispielen wird dies verdeutlicht. In einer Hauptgeschichte wird das fiktive Paar, Sonja und Fritz, vorgestellt (s. Kap. 4 „Vorstellung fiktives Fallbeispiel"). Ihre Schwierigkeiten und der Verlauf ihrer Therapiegespräche werden in den einzelnen Kapiteln aufgegriffen und verdeutlichen die theoretischen Hintergründe. Meine Beschreibungen beziehen sich meist auf komplexe Paarsituationen, wie z. B. bei Paaren, die lange gewartet haben, bevor sie tatsächlich Unterstützung gesucht haben.

Hat eine negative Spirale erstmal die Oberhand gewonnen und sich über einen längeren Zeitraum mehr und mehr festgesetzt, braucht es länger, einen Weg zu einer positiven Veränderung zu finden. Unter anderem auch, weil sich in der Regel auf beiden Seiten Frustrationen aufgebaut haben, die ebenfalls bewältigt werden müssen. Aus diesem Grund ziehen sich manche Paargespräche über viele Monate oder manchmal auch Jahre hin.

Das muss allerdings nicht sein, ganz im Gegenteil! Wenn Paare früher Hilfe in Anspruch nehmen, können ein paar gemeinsame Gespräche schon viel bewirken.

Was Paare oft davon abhält, Hilfe in Anspruch zu nehmen, ist, dass sie nicht wissen, was sie erwartet. Viele haben die Befürchtung, bloßgestellt, kritisiert, zurechtgewiesen, nicht verstanden oder verletzt zu werden. Das ist sehr verständlich, jedoch ist die Idee einer Paartherapie, dass sie im Gegenteil ein sicherer Ort sein soll, der Raum gibt, sich auszutauschen, einander neu zu verstehen, sich verstanden zu fühlen, Möglichkeiten zu erforschen und Ressourcen zu entdecken, die wir in uns tragen.

> Das häufigste Ergebnis der Sitzungen ist dann auch, dass sich zwei Menschen entspannt, bereichert und zuversichtlich fühlen, dass sie auch in Zukunft gemeinsam einen guten Weg finden werden.

Wenn ein Paar Liebe und Verbundenheit, Akzeptanz und Verständnis wiederentdecken will, wenn beide einander wieder vertrauen wollen, wenn beide in der Lage sein wollen, mit Differenzen und Enttäuschungen, die nun mal zum Leben dazu gehören, umzugehen, dann sollten die Paarsitzungen dies widerspiegeln. Das heißt, in den gemeinsamen Gesprächen sollten alle diese Elemente vorhanden sein.

Ich habe dieses Buch geschrieben, um Menschen zu ermutigen, sich Unterstützung zu suchen, wenn es nicht mehr so gut läuft, wenn die ersten großen Enttäuschungen etwas in der Beziehung verändert haben, wenn die ersten Ermüdungserscheinungen sichtbar werden, wenn sich eine/r nicht mehr so gut verbunden fühlt wie zu Beginn der Beziehung. Meine Erfahrung ist, dass sich jedes Paar weiterentwickeln kann, wenn es eine/n passenden PaartherapeutIn an der Seite hat. Wie bei allen Therapiegesprächen sollte die Chemie stimmen und es kann sein, dass man zwei oder mehr Anläufe nehmen muss, bis man sich gut aufgehoben fühlt.

Literatur

Baumeister, R. F., & Leary, M. R. (1995). The Need to Belong: Desire for Interpersonal Attachments as a Fundamental Human Motivation. Psychological Bulletin, 117(3), (S. 497–529)

Inhaltsverzeichnis

Über die Autorin

Dagmar Meister ist eine systemische Therapeutin, die in Deutschland aufgewachsen ist und dort ihre Ausbildung absolviert hat. In den anschließenden Jahren lebte und arbeitete sie in unterschiedlichen Ländern wie zum Beispiel den Niederlanden, Brasilien, Spanien, Neuseeland und England. Da sie selber in einer komplizierten Familienkonstellation groß geworden ist, hatte sie stets ein tiefes Interesse an menschlichen Beziehungen. Im Laufe

der Zeit konzentrierte sie sich im Wesentlichen auf Paartherapie und entwickelte ein besonderes Verständnis für
Paarproblematiken und kreative Lösungswege. Besonders
bereichernd waren dabei die Erfahrungen, die sie in unterschiedlichen kulturellen Kontexten gemacht hat. Sie erlebt
tagtäglich, wie hilfreich Paartherapie sein kann und es ist
ihr ein Anliegen, dies Paaren zu vermitteln.

Teil I

Was ist Paartherapie?

Dieser Teil gibt einen Einblick in das, was Paartherapie bieten kann und was das Paar und der/die TherapeutIn beitragen können, um die Therapie gelingen zu lassen.

1

Überblick: Was ist Paartherapie?

> Paartherapie bietet einen geschützten Raum, in dem zwei
> Menschen über ihre Erfahrungen, Gefühle und Probleme
> sprechen können und darüber, was sie verändern möchten.
> Ein Raum, in dem sie Unterstützung finden können, um
> hilfreiche Veränderungen zu erreichen.

Das erste Mal, wenn ich ein Paar treffe, frage ich, ob ich
zunächst etwas über Paartherapie im Allgemeinen und
meine Arbeitsweise im Besonderen erzählen soll und so
gut wie immer, ist das der Auftakt zu den Gesprächen.
In meiner Erklärung vorab will ich Menschen eine
Orientierungshilfe geben, eine Vorstellung von dem, was
wir gemeinsam machen werden.

Die wohl wichtigste Information ist, dass ich einen
Platz biete, an dem sich beide sicher und wohl fühlen
können, um über das zu sprechen, was sie bewegt. Beide
bekommen Raum, um ihre Erfahrungen darzustellen, die
unterschiedlich oder gar gegensätzlich zu denen des/der

© Der/die Autor(en), exklusiv lizenziert an Springer-Verlag
GmbH, DE, ein Teil von Springer Nature 2023
D. Meister, *Rettungsring Paartherapie?!*,
https://doi.org/10.1007/978-3-662-67279-2_1

PartnerIn sein können. Unterschiede, unterschiedliche Sichtweisen und Emotionen sind Teil einer Beziehung und es kann ein Lernprozess sein, zu verstehen, dass die ganz andere Sichtweise des/der PartnerIn nicht bedeutet, dass man selbst oder der/die andere im Unrecht ist.

Wie Paare mit Unterschieden umgehen können, wird im Laufe des Buches aufgegriffen.

In den Gesprächen werden häufig Dinge thematisiert, die ein Paar weder mit Familie noch mit Freunden teilt. Diese Offenheit hilft nicht nur zu verstehen, warum eine bestimmte Dynamik entstanden ist, sondern es werden auch Dinge erzählt, die der/die PartnerIn oftmals noch nicht wusste oder derer er/sie sich nicht bewusst war. Dadurch kann sowohl ein neues Verständnis füreinander als auch mehr Vertrautheit miteinander geschaffen werden.

Viele Paare zögern, Paargespräche zu beginnen, da sie die Sorge haben, beurteilt zu werden. Woher kommt das? Von klein auf lernen wir in vielen Bereichen unseres Lebens, dass etwas richtig oder falsch ist. Wir lernen in diesen Kategorien zu denken und so auch uns und die Welt um uns herum entsprechend einzuordnen. So nützlich dies in vielen Lebensbereichen sein kann, z. B. dass wir wissen, dass es richtig ist, an einer roten Ampel zu stoppen, so kann es in der Paarbeziehung eine Sackgasse sein.

> Beurteilung im Sinne von "richtig oder falsch" und/oder Verurteilung sind in der Regel kontraproduktiv, wenn es darum geht, Verständnis zu entwickeln, Möglichkeiten zu erkunden und Neues auszuprobieren.

Paare, die in den Sitzungen die Erfahrung machen, dass es nicht darum geht, zu urteilen oder zu bewerten, sondern zu verstehen, fühlen sich oft motiviert, offener über ihre Gefühle und Erfahrungen zu sprechen.

2

Was muss ein Paar mitbringen, um eine Veränderung zu ermöglichen?

Wenn ein Paar sich dafür entscheidet, Therapie eine Chance zu geben, haben meist beide den Wunsch, etwas zu verändern; sonst würden wir erst gar nicht ein Gespräch führen. Dies kann jedoch für beide durchaus unterschiedlich sein.

Oft haben beide einen ähnlichen Gedanken: „Wenn nur mein/e PartnerIn anders wäre, hätten wir kein Problem." Tatsächlich jedoch sind es beide, die zusammen eine Dynamik entwickelt haben, die nun in mancher Hinsicht als problematisch erlebt wird. Um diese Dynamik verändern zu können, braucht es die Zustimmung von beiden, sich auf einen Prozess der Veränderung einzulassen. Was heißt das?

Wenn wir etwas ändern wollen, müssen wir etwas anders machen, uns anders verhalten, sonst werden wir das gleiche, unerwünschte Ergebnis haben. Zu verstehen, welches Verhalten sich verändern muss, um eine positive statt einer negativen Dynamik zu entwickeln, ist ein

© Der/die Autor(en), exklusiv lizenziert an Springer-Verlag GmbH, DE, ein Teil von Springer Nature 2023
D. Meister, *Rettungsring Paartherapie?!*,
https://doi.org/10.1007/978-3-662-67279-2_2

Prozess, der es dem Paar ermöglicht, die Hintergründe seiner Schwierigkeiten zu verstehen.

Die meisten Paare haben versucht, etwas in ihrer Beziehung zu verbessern, bevor sie die Möglichkeit einer Paartherapie erwogen haben. Warum haben sie das gewünschte Ergebnis nicht erreicht?

Der Grund ist oftmals, dass sie in einem Kreislauf von Verhaltensweisen und Reaktionen gefangen sind, die sich endlos wiederholen. Das Gefühl, festgefahren zu sein, lässt sie dann hoffnungslos und frustriert zurück. Veränderungen können schwierig sein, vor allem, wenn sie nicht von uns initiiert werden und/oder nicht mit unseren eigenen Wünschen übereinstimmen.

Wir wollen als die Person, die wir sind, akzeptiert und wertgeschätzt werden. Wenn uns jemand auffordert oder sogar von uns verlangt, uns zu verändern, kann uns das das Gefühl geben, nicht gut genug zu sein; und womöglich fühlen wir uns kritisiert oder nicht verstanden. Dies kann schnell eine Abwehrhaltung auslösen.

Das Thema „Erwünschte Veränderungen gegenüber unerwünschten Veränderungen" wird zu einem wichtigen Teil der Gespräche. Einen erfolgreichen Weg nach vorne zu finden, ist ein Prozess, der Schritte auf vielen Ebenen umfasst. Der Schlüssel liegt darin, jede Person auf ihre eigene Weise zu verstehen. Beide müssen mit ihren Hoffnungen, Frustrationen, ihrer Motivation, ihren Ressourcen und ihren Grenzen gehört und wertgeschätzt werden. Dafür braucht es die Offenheit beider, Gedanken und Gefühle mitzuteilen.

> Die Suche nach dem, was sich ändern muss, ist eine Reise, die wir gemeinsam unternehmen.

Manchmal ist es ein geradliniger Weg und manchmal ist es eine Suche, ein Prozess von „Versuch und Irrtum". In der Regel wird ein Paar neue Dinge ausprobieren und somit neue Erfahrungen machen; und wir werden sehen, welche hilfreich sind. Dies erfordert die Motivation und Bereitschaft von beiden, sich darauf einzulassen. Schlüsselelemente sind das Verstehen der Beziehungsdynamik, das Erweitern des Bewusstseins bezüglich des eigenen und des gemeinsamen Verhaltens und der Handlungsmöglichkeiten, die beide bisher nicht wahrgenommen haben. Das Gefühl, in diesem Prozess gehalten zu werden und sicher zu sein, macht diese Schritte oft erst möglich.

Viele Paare stellen nach einiger Zeit fest, dass sie zu der Dynamik auf eine Weise beigetragen haben, derer sie sich nicht bewusst waren. Da sie Teil der Beziehung sind, ist es oft schwierig, die nötige Distanz zu gewinnen, um sich selbst, die eigenen Handlungen und Reaktionen zu sehen, die zu Konflikten, Missverständnissen, Frustrationen, Enttäuschungen usw. führen.

In diesem Prozess geht es nicht darum, was „richtig" oder „falsch" ist, sondern um das fehlende Bewusstsein. Dieses lässt uns nicht erkennen, wo sich Situationen auf unerwünschte Weise entwickeln, und was getan werden kann, um dies zu ändern.

3

Was tue ich als TherapeutIn?

Der wichtigste Beitrag, den ich in die Sitzungen einbringe, ist, meine Klienten darin zu unterstützen, ihren Weg zu finden. Ich liebe meine Arbeit und freue mich auf sie. Ich weiß, wie schwierig und herausfordernd es sein kann, sich zu öffnen. Wir alle haben das Bedürfnis angenommen, wertgeschätzt und unterstützt zu werden. Dies ist eine Voraussetzung dafür, dass wir uns verändern können; dass wir also aus einer Abwehrhaltung und/oder einem Rückzug herauskommen können. Mein Ziel ist es, dass meine Klienten sich selbst wertschätzen und lieben können und die Möglichkeit sehen, sich weiterzuentwickeln und zu entfalten. Dies kann ein fortlaufender Prozess für jeden von uns sein.

Vor jeder Sitzung meditiere ich, um zunächst „loszulassen" und dann so objektiv wie möglich in das Gespräch zu gehen.

Damit ich hilfreich sein kann, stelle ich mich in vielerlei Hinsichten auf das Paar ein. Zum Beispiel: Ich passe mich

D. Meister, *Rettungsring Paartherapie?!*, https://doi.org/10.1007/978-3-662-67279-2_3

ihrem Tempo und ihrer Ausdrucksweise an. Ich schenke ihnen meine volle Aufmerksamkeit, sodass ich ihre Dynamik, ihre Sorgen, Hoffnungen und Ängste verstehe. Dazu lasse ich meine Welt vorübergehend in den Hintergrund treten und öffne mich für zwei Menschen. Ich lasse meine persönlichen Vorstellungen von Paarbeziehungen außer Betracht, so wie ich einen Mantel an der Garderobe abgebe, und lasse mich ausschließlich auf das Paar und die Welt dieser beiden Menschen ein.

Ich vermittle, dass ich unvoreingenommen bin, nicht urteile und keine Noten geben werde; dass es nicht darum geht, einen Schuldigen oder Fehler zu finden, sodass eine offene Atmosphäre entsteht. Dann können Schritte gemacht werden, die dazu beitragen, einander zu verstehen, mit all den Hoffnungen, Wünschen, Einschränkungen, Enttäuschungen und Sorgen, die wir alle haben. Dies ist der Nährboden, auf dem das nötige Vertrauen wachsen kann. Wenn beide PartnerInnen sich gesehen und verstanden fühlen, kann ein Prozess beginnen, in dem sie sich selbst und auch den/die PartnerIn mit anderen Augen wahrnehmen, erleben und verstehen können.

Im Laufe der ersten Gespräche erkläre ich, dass ich zunächst Fragen stellen werde, um eine Vorstellung davon zu bekommen, wie sich das Paar kennengelernt und was sie aneinander angezogen hat, was beide an ihrer Beziehung schätzen und was sie gerne ändern würden. Dies kann für jede/n PartnerIn anders sein.

Meiner Erfahrung nach ist es wichtig, mehrmals zu unterstreichen, dass es darum geht, die Dynamik der Beziehung zu verstehen. Diese wird von beiden gestaltet und es gibt keine richtige oder falsche Art, miteinander umzugehen, aber es gibt hilfreiche und nicht hilfreiche Verhaltensweisen und Gedanken. Im Laufe der Gespräche zeigt sich, dass alles, was in beiden PartnerInnen vor sich geht, einen Ausdruck findet, verbal oder durch Stimmungen, einen Gesichtsausdruck oder eine Körperhaltung. Dies hat einen Einfluss auf die Paardynamik und ist etwas, das man nicht wegnehmen, womit man aber bewusst umgehen kann.

Wenn ich verstanden habe, was die Dynamik der Beziehung ausmacht und was das Paar ändern möchte, welche Stärken und welche Herausforderungen beide mitbringen, werde ich meine Gedanken mit ihnen teilen und nachfragen, ob sie damit einverstanden sind. Es ist notwendig, auf einen gemeinsamen Nenner zu kommen, der es ermöglicht, der Beziehung eine neue Richtung zu geben.

Manche Paare haben Scham und die Sorge, bloßgestellt zu werden; andere haben die Vorstellung, dass der/die TherapeutIn das Problem für sie lösen wird oder ihnen genau sagt, was sie tun sollen. Beides ist nicht zielführend.

> Um einen Lösungsweg zu finden, braucht es das Engagement aller Beteiligten und die Motivation, auch unangenehme Realitäten zuzulassen.

So könnte z. B. ein/e PartnerIn die Schwiegereltern als sehr dominant erleben. Er/sie fühlt sich unwohl in deren Gesellschaft und möchte nicht mehr so oft zu Besuchen mitkommen. Der/die andere PartnerIn erlebt dies vielleicht als schmerzhaft und enttäuschend. Wie kann man also gemeinsam einen Weg finden, mit den Schwiegereltern/Eltern umzugehen?

In den Gesprächen kann ein Lernprozess beginnen, der es ermöglicht, neue Wege zu finden und schwierige und unangenehme Situationen zu bewältigen. Dadurch wird mehr Toleranz und Vertrauen aufgebaut.

Was immer ein Paar erreichen möchte, wird im Laufe der Gespräche deutlich werden – und ebenso die dafür

erforderlichen Veränderungen. Das Paar wird Möglichkeiten entdecken, gestalten und umsetzen. Es benötigt
Zeit, um die ersten Schritte zu machen, denn eine neue
Verhaltensweise lässt sich nicht eins, zwei, drei umsetzen,
was vollkommen in Ordnung ist.

Die „Umsetzungsschritte" kann ich nur begleiten,
gehen muss das Paar sie selbst, aber ich stehe dem Paar
in diesem Prozess mit meinem Wissen, Fähigkeiten, Einfühlungsvermögen und meiner Erfahrung zur Seite.

4

Vorstellung fiktives Fallbeispiel – Aus meiner Arbeit mit Paaren

> Wenn eine/r in der Beziehung nicht glücklich ist, funktioniert die Beziehung nicht.

Dies ist die fiktive Geschichte von Sonja und Fritz, die eine Mischung aus meinen Erfahrungen in der Arbeit mit Paaren über viele Jahre ist.

Fiktives Fallbeispiel Sonja und Fritz

Ich nenne sie Sonja und Fritz. Sie kommt aus Osteuropa, er aus Nordeuropa, sie ist temperamentvoll, er ist ruhig. Sie sind Ende vierzig und haben keine Kinder.

Sonja ist verzweifelt. Seit Jahren hat sie das Gefühl, dass diese Ehe schiefläuft und sie probiert, Fritz dies mitzuteilen. Sie fühlt sich oft von ihm zurückgewiesen und klein gemacht. Was sie hört, ist, dass er sagt, sie sei egoistisch, wenn sie etwas tun möchte, was er nicht nachvollziehen kann. Daraufhin hat sie einige ihrer Hobbys aufgegeben, weil sie das Gefühl hatte, dass er ihre Hobbys blöd findet.

© Der/die Autor(en), exklusiv lizenziert an Springer-Verlag GmbH, DE, ein Teil von Springer Nature 2023
D. Meister, *Rettungsring Paartherapie?!*,
https://doi.org/10.1007/978-3-662-67279-2_4

Sie hat probiert, sich ihm und seinen Wünschen anzu-
passen und sich selbst ein Stück dabei verloren. Nicht
nur ihre Hobbys, sondern auch ihr Selbstwertgefühl hat
gelitten. Auf der einen Seite möchte sie geben, etwas für
die Beziehung tun, gleichzeitig will sie auch etwas zurück-
bekommen. Sie möchte viel Nähe und Gemeinsamkeiten in
der Beziehung mit Fritz. Sie hat das Gefühl, dass sie mehr
gibt als sie bekommt. Sie hat sich, so gut sie kann, auf ihn
eingestellt, aber es kommt nicht zurück, was sie erhofft
hat. Sie fragt und fragt und bekommt keine zufrieden-
stellenden Antworten; und dann fängt sie an, ihm Vorwürfe zu machen.

Sie hatte die Hoffnung, Fritz könnte sie glücklich
machen. Sie wünscht sich eine Schulter zum Anlehnen,
Akzeptanz und Verständnis; einen guten, gütigen Vater
könnte man sagen, der sie unterstützt, wenn sie dies
braucht und der ihr Raum gibt, wenn sie sich ausdrücken
möchte. Einen Partner, der wieder gut macht, wo sie bisher
in ihrem Leben enttäuscht worden ist.

Fritz versteht immer öfter die Welt nicht mehr. Warum
wird Sonja immer wieder so emotional, schreit ihn an,
macht ihm Vorwürfe? Er versucht doch nur, die Dinge von
allen Seiten zu betrachten und eine logische, gute Lösung
zu finden. Ihm scheint, sie reagiert manchmal wie ein
kleines Kind, das seinen Willen nicht bekommt. Wir sind
doch zwei erwachsene Menschen und können sachlich über
Themen sprechen, denkt er. Wenn er eine Meinung hat
und fest von etwas überzeugt ist, versucht er, diese zu verteidigen; und das ist doch normal, oder?

Fritz denkt viel nach und hat meist gute Argumente;
er möchte das Beste für Sonja – kann sie das nicht sehen?
Ihre emotionalen Ausbrüche verunsichern ihn und er
weiß nicht, wie er damit umgehen soll. Wenn er probiert,
daraufhin noch sachlicher zu sein, wird sie noch wütender.
Und wenn er mal genervt reagiert, weil es ihm zu viel wird,
endet alles in totaler Frustration. Er zieht sich mehr und
mehr zurück, er ist am Ende mit seinem Latein. Er hat auch
keine Lust mehr auf körperliche Nähe.

Fritz wünscht sich eine Partnerin, die ihm Raum lässt,
die keine zu hohen Ansprüche an ihn stellt, weil er das ja
schon selbst tut. Er wünscht sich eine Partnerin, die auf
seine Argumente eingehen kann, sodass er sich nicht so
unverstanden fühlt. Eine Frau an seiner Seite, mit der er
sich konstruktiv unterhalten kann und die verlässlich und

logisch in ihren Reaktionen ist. Er wünscht sich ein Stück Wärme und Emotionalität, aber keine Gefühlsausbrüche, die ihn verwirrt und hilflos zurücklassen.

Dieses Paar kommt zu mir, weil beide frustriert sind, seit Jahren. Sie sind erstarrt in den immer gleichen Diskussionen, die kein Ergebnis bringen, sondern nur Enttäuschung und Schmerz. Sie macht ihm immer mehr Vorwürfe und er zieht sich immer mehr zurück. So verstärken sie ihre Reaktionen. Je mehr Vorwürfe sie ihm macht, desto mehr zieht er sich zurück. Je mehr er sich zurückzieht, desto mehr fühlt sie sich nicht gehört und alleine gelassen und muss wiederholen, was sie bewegt. Es muss doch irgendwann zu ihm durchdringen? Er muss doch verstehen, dass sie verzweifelt ist!

Zwei Träume von einer glücklichen Beziehung drohen in Streit, Verzweiflung, Wut, Depression und Hoffnungslosigkeit unterzugehen.

Nach wiederholten Versuchen, ihn zur Paartherapie zu überreden, willigt er ein, zögernd, nicht erfreut über den Gedanken, einer fremden Person Zugang zu seinen Gefühlen und Gedanken zu gewähren. Womöglich bekommt er noch zu hören, dass er sich anders verhalten soll, dass er Fehler gemacht hat. Dabei sind es doch ihre Ausbrüche und ihre Vorwürfe, die das Leben so schwer machen.

Sie hofft darauf, dass ihr endlich jemand zuhört; versteht, warum sie so enttäuscht ist und leidet. Vielleicht kann ein/e PaartherapeutIn ihm ja klarmachen, dass es so nicht weitergeht. Sie investiert so viel in diese Beziehung und kriegt so wenig zurück. Wie oft hat sie versucht, ihm deutlich zu machen, wie enttäuscht sie ist, aber er scheint taub auf diesem Ohr zu sein.

Dieses fiktive Fallbeispiel, das sich aus unterschiedlichen Erfahrungen in der Arbeit mit Paaren zusammensetzt, wird im Laufe des Buches immer wieder aufgegriffen.

5

Die Ebenen: Aspekte, die in einer Beziehung eine Rolle spielen

In meiner Erklärung vorab gebe ich Paaren einen ersten Überblick über verschiedene Aspekte, die in jeder Beziehung eine Rolle spielen und die wir uns in den Sitzungen ansehen werden. Ich nenne sie die Ebenen.

Die erste Ebene ist die **Kommunikationsebene,** die sozusagen mehr an der Oberfläche liegt. Gut zu kommunizieren ist komplizierter, als es auf den ersten Blick scheint. Denn wie wir sehen werden, fließt in unsere Art der Kommunikation vieles mit ein, dessen wir uns nicht bewusst sind.

Mögliche Fragen sind:

- Was wird kommuniziert oder vermieden – und vor allem *wie*?
- Welche Themen werden eventuell von der Kommunikation ausgeklammert?

© Der/die Autor(en), exklusiv lizenziert an Springer-Verlag GmbH, DE, ein Teil von Springer Nature 2023
D. Meister, *Rettungsring Paartherapie?!*,
https://doi.org/10.1007/978-3-662-67279-2_5

- Wie hat man Kommunikation gelernt?
- Hat das Paar ein Bewusstsein darüber, wie beide kommunizieren?

Eine weitere Ebene ist die des Gepäcks, das wir in eine Beziehung mitbringen. Wir alle haben im Laufe unseres Lebens unterschiedliche Erfahrungen gemacht, die uns prägen. Das ist das Gepäck, das wir mitbringen und dessen unterschiedliche Facetten alle in einer Beziehung sichtbar werden:

- positive und negative Erfahrungen;
- die Art und Weise, wie wir die Welt um uns herum wahrnehmen;
- die Enttäuschungen und Erfolge, die wir erlebt haben;
- die Werte, die wir verinnerlicht haben;
- die Erwartungen, die wir haben;
- ungelöste Probleme;
- Erfahrungen, die wir nicht verarbeitet haben, wie z. B. unerfüllte Bedürfnisse aus unserer Kindheit. Oft hoffen wir dann unbewusst, dass unser/e PartnerIn diese Bedürfnisse erfüllen kann.
- Ein Teil unseres Gepäcks sind Ressourcen, ein anderer Teil sind die Herausforderungen. Die Ressourcen können sowohl in der Dynamik des Paares als auch in anderen Lebensbereichen wie Arbeit oder Freundschaften zu finden sein.

Weiterhin spielt die **Ebene der persönlichen Entwicklung,** die wir in die Beziehung mitbringen, eine Rolle:

- Wie haben wir uns im Laufe unseres Lebens entwickelt?
- Wo sind wir eventuell in Entwicklungsschritten stecken geblieben?

- Wo haben wir unseren Horizont erweitert?
- Wo steht das Paar und wo der/die Einzelne?
- Was ist bereichernd und was hemmt die Entwicklung beider und ihrer Beziehung?

Erlebnisse, die nicht oder nur zum Teil verarbeitet worden sind, sind genauso wichtig wie Erfahrungen, die unterstützend und motivierend waren; eventuell auch Traumata, die nicht verarbeitet sind. Denn all dies wird im Miteinander und in der Beziehung spürbar und sichtbar werden.

Auch die **Ebene des Blickes,** den zwei Menschen, im Laufe ihres Lebens entwickelt haben, beeinflusst die Beziehung:

- Wie sehen sie sich selbst, wie sehen sie den/die PartnerIn, die Beziehung und die Welt um sie herum? Wie beeinflusst das ihre Haltung und ihre Handlungen?
- „Ist ihr Glas halb voll oder halb leer?" Wie beeinflusst das ihre Wahrnehmung, Einstellung und ihr Handeln?

6

Wenn wir anfangen: Elemente, die zu den ersten Sitzungen gehören

Dieses Kapitel gibt anhand von Beispielen eine Idee, welche Elemente zu den Paargesprächen dazugehören, wie sie sich evtl. ergeben und wie sie behandelt werden können.

Voraussetzung, um diese gemeinsamen Gespräche gelingen zu lassen, ist entweder der Wunsch des Paares, an ihrer Beziehung zu arbeiten, sie gestalten zu wollen oder eine Frage zu thematisieren; wie zum Beispiel die Frage, ob ein Paar zusammenbleiben will oder nicht.

Es ist wichtig, ein Ziel zu benennen. Dies ist nicht ‚in Stein gemeißelt‘ und kann angepasst werden, aber es gibt den Gesprächen Richtung.

Gemeinsam machen wir uns dann auf die Reise. Angenommen, das Ziel wäre Rom, so wäre es durchaus möglich, dass wir in Florenz eine Zwischenstation machen und dieser unvorhergesehene Umweg Wichtiges zu diesem Prozess beiträgt. Wir kennen das Ziel der Reise „Rom", wo bekanntlich viele Wege hinführen, und es kann sein, dass wir hier und da auf Seitenstraßen weiterreisen. So darf der Prozess der Gespräche seinen Lauf nehmen, auch wenn er unvorhergesehene Entwicklungen mit sich bringt.

Paartherapie kann zwei Menschen nicht die Beziehungsarbeit abnehmen, aber sie kann ihnen die Unterstützung geben, die sie brauchen, um ihre Beziehung zu entwickeln. Dies ist ein Prozess, der nicht genau vorhersehbar ist und zu unerwarteten Abstechern oder zu einem anderen Ziel als dem ursprünglich ange-dachten führen kann. Oft werden Entwicklungsschritte gemacht, die beide vorher nicht hätten bedenken können.

Wenn ein Paar seine Erfahrungen, Wünsche und Bedürfnisse mitteilt, werden auch die Enttäuschungen, die empfindlichen Punkte, die Reaktionsmuster beider PartnerInnen deutlich; manches Mal auch Momente der Hilflosigkeit und Verzweiflung.

In diesem Prozess ist es immanent wichtig, die Stärken und Ressourcen, die dem Paar helfen können, zu sehen und zu nutzen. Meist bringen Menschen mehr Stärken mit, als sie selber wahrnehmen. Diese zu entdecken und zu fördern ist ein wichtiger Teil, der dem Paar hilft, sein Ziel zu erreichen.

> Erforderlich ist die Bereitschaft des Paares, sich auf den Prozess einzulassen, der sich durch die Zusammenarbeit zwischen ihnen und dem/der TherapeutIn entwickelt, sowie die Motivation und Bereitschaft, neue Dinge auszu-probieren.

Nach dem gegenseitigen Kennenlernen und einem ersten Einblick in die Entwicklung der Beziehung beginne ich zu verstehen, welche Dynamik ein Paar im Laufe der Zeit entwickelt hat. Teile dieser Dynamik werden sich positiv auf die Beziehung auswirken, andere negativ.

Typisch ist, dass eine negative Dynamik zwei Menschen sozusagen „gefangen halten kann". Dies erkläre ich im nächsten Kapitel.

Teil II

Die häufigsten negativen Dynamiken in der Paarbeziehung

Dynamik bedeutet in diesem Zusammenhang die Verhaltensweisen, die zwei Menschen in ihrer Beziehung zueinander entwickeln. Jedes Paar entwickelt eine solche Dynamik; diese kann jedoch sehr unterschiedlich sein. Im Folgenden beschreibe ich die häufigsten Dynamiken, die ich in meiner Arbeit mit Paaren als problematisch erlebt habe.

7

Überblick: Die häufigsten negativen Dynamiken in der Paarbeziehung

> Der erste Schritt ist das Erkennen der Dynamik der Paarbeziehung.

Dynamik bedeutet hier die Verhaltensweisen, die zwei Menschen in ihrer Beziehung miteinander entwickeln. Diese können sich positiv oder negativ auswirken. Es gibt Dynamiken, die es einem Paar ermöglichen, Wünsche, Fragen, Konflikte und Bedürfnisse konstruktiv miteinander zu leben. Und es gibt Dynamiken, die zu Enttäuschung, Streitgesprächen ohne Lösung, Frustrationen, Kreisläufen und Endlosschleifen führen und natürlich jede Mischform davon.

Negative Kreisläufe werden in der Regel als Belastung erlebt und beide wünschen sich dann eine Veränderung. Doch trotz vieler Versuche gelingt eben genau das oft nicht. Ein bestimmtes unerwünschtes Verhalten wird immer wieder wiederholt und instand gehalten. Gibt es bestimmte negative Dynamiken, die Paare entwickeln?

In meiner Arbeit mit Paaren habe ich die Erfahrung gemacht, dass die folgenden Dynamiken am häufigsten auftreten:

Die wohl häufigste Form ist die, dass es eine/n in der Paarbeziehung gibt, der/die den/die PartnerIn sozusagen mit Wünschen und Erwartungen „verfolgt". Diese werden als Vorwürfe, Vorhaltungen und Forderungen formuliert, auf die der/die andere PartnerIn reagiert, indem er/sie ausweicht und sich zurückzieht. Was bedeutet das?

Wenn wir genauer hinschauen, können wir sehen, dass wir uns etwas wünschen, wenn wir unserer/m PartnerIn Vorwürfe machen. Nur formulieren wir den Wunsch nicht mehr als Wunsch, sondern wir lassen unsere/n PartnerIn wissen, dass er/sie unserer Meinung nach etwas anders machen sollte. Wir hoffen, dass unser/e PartnerIn sich ändert, aber tatsächlich ändert er/sie sein/ihr Verhalten nicht, sondern reagiert auf unsere Angriffe mit Rückzug.

Derjenige, der Wünsche an den/die PartnerIn hat, die nicht erfüllt werden, fühlt sich nicht gehört und verstanden und vielleicht alleine gelassen. Diese Frustration entlädt sich in den Vorwürfen und auch Forderungen, die meist in emotionaler Form vorgetragen werden. Diese nenne ich die „sauer gewordenen Wünsche".

Der/die andere PartnerIn fühlt sich überfordert und kritisiert. Er/sie fühlt sich in die Ecke gedrängt und fängt an auszuweichen und sich zurückzuziehen. Je mehr er/sie sich zurückzieht, desto unzufriedener wird der/die andere PartnerIn und „legt nach", d. h. er/sie macht noch mehr Vorwürfe, was den/die andere/n dazu bringt, sich noch mehr zurückzuziehen.

Diese Endlosschleife kann über Jahre die Dynamik eines Paares bestimmen. Auch wenn es beide nicht glücklich macht, wird oft daran festgehalten. Das kann unterschiedliche Gründe haben.

Eine andere, oft vorkommende Dynamik ist die, in der sich beide ständig gegenseitig Vorwürfe und Vorhaltungen machen und/oder streiten. Endlose Diskussionen, bei denen keine/r einen Millimeter nachgibt. Das kann sich derart verselbstständigen, dass sich jede/r hinter einer imaginären Mauer verschanzt und seine/ihre „Munition" parat hält, um sofort „zurückschießen" zu können, falls er/sie sich angegriffen fühlt.

In einer anderen Dynamik gehen sich beide PartnerInnen immer mehr aus dem Weg und das Ergebnis ist eine Distanz, die das Paar auf vielen Ebenen entkoppelt. Dies kann sich bis zu dem Punkt entwickeln, an dem sie getrennte Leben führen, nebeneinanderher leben, obwohl sie sich räumlich nahestehen (Abb. 7.1).

Abb. 7.1 Wenn sich jetzt keiner mehr bewegt © Dagmar Meister 2022. All Rights Reserved

Diese Dynamik kann als Versuch verstanden werden, sich zu schützen und zu verteidigen. Wenn man Angst hat, verletzt zu werden, wird es schwierig, offen zu sein und Gefühle zu zeigen. Diese Dynamik kann entstehen, wenn Menschen sich aus-ein-ander gelebt haben oder auch, wenn sie die Beziehung aufgegeben haben und sich somit immer weiter voneinander entfernen. Das fühlt sich sicherer und einfacher an.

Eine weitere Dynamik entsteht, wenn ein/e PartnerIn Angst hat und der/die andere das Gefühl hat, dass diese Angst einen Angriff auf seinen/ihren Charakter oder seine/ihre Fähigkeiten darstellt; wenn also eine/r sich ängstigt oder sich von etwas eingeschüchtert fühlt und der/die PartnerIn diese Angst als eine Kritik an seinen/ihren Fähigkeiten erfährt. Infolgedessen fühlt er/sie sich beschämt.

Ein bekanntes Beispiel dafür ist, wenn der/die BeifahrerIn im Auto ängstlich wird und sich an das Armaturenbrett oder den Haltebügel klammert, woraufhin sich der/die FahrerIn aufregt, weil er/sie dies als Angriff auf seine/ihre Fahrweise ansieht.

Der/die FahrerIn beginnt dann womöglich, etwas rücksichtsloser zu fahren oder feindselige Bemerkungen zu machen, und der/die BeifahrerIn bekommt daraufhin noch mehr Angst. Jeder hält den anderen entweder für inkompetent, überreagierend oder für in irgendeiner Weise unreif. Bei dieser Aktion-Reaktion-Dynamik sind sich beide Parteien dessen selten bewusst und reagieren auf das, was sie beim anderen sehen.

Diese Dynamiken kann man auch als Versuch sehen, die eigentlich darunterliegenden Gefühle nicht wahrzunehmen, denn oft berühren sie Beziehungserfahrungen, denen man ausweichen will.

Sonja und Fritz

Sonja und Fritz bewegen sich in der ersten Dynamik. Sie verfolgt ihn mit ihren Vorwürfen und er zieht sich immer mehr zurück. Sie verstärken einander über einen Zeitraum von mehreren Jahren und beide spüren, wie sie die Hoffnung verlieren. Diese Art des Miteinanders fühlt sich an, als ob sie in einer Sackgasse gelandet wären, aus der sie nicht mehr herauskommen. Sonja verzweifelt innerlich und ihre emotionalen Ausbrüche werden heftiger. Ihre Vorwürfe entladen sich über Fritz wie Tornados. Fritz versucht mit seinem Rückzug, ein sicheres „inneres Gelände" zu finden.

Warum Paare diese und andere Dynamiken entwickeln, wird im Laufe des Buches aufgegriffen.

8

Vorwürfe – Die gängigste Art, dem/r PartnerIn mitzuteilen, dass man nicht glücklich ist

> Was sich hinter Vorwürfen verbirgt und welche Möglichkeiten es gibt, anders mit ihnen umzugehen.

Das erste Mal, als ich folgenden Satz hörte, war ich verblüfft über seine Aussagekraft: **„Vorwürfe sind sauer gewordene Wünsche",** wie Butter, die, wenn sie frisch ist, köstlich schmeckt, aber nicht mehr genießbar ist, wenn sie ranzig geworden ist. Der Wunsch, der in jedem Vorwurf steckt, kann aber meist von dem/der PartnerIn nicht mehr gehört werden (Abb. 8.1).

Wenn der Vorwurf ist: „Nie räumst Du die Küche auf, immer lässt Du alles stehen, ich bin nicht Deine Bedienung!", wäre der Wunsch: „Bist Du so nett, mir zu helfen, die Küche sauber und ordentlich zu halten?"

Natürlich geht es in der Regel nicht nur um die Küche, aber was der/die PartnerIn im ersten Beispiel hört, ist in

D. Meister, *Rettungsring Paartherapie?!*, https://doi.org/10.1007/978-3-662-67279-2_8

Abb. 8.1 Vorwürfe sind sauer gewordene Wünsche. © Dagmar-Meister 2022.

erster Linie der Angriff; und die Reaktion ist meist „fight", „flight" or „freeze" (Kampf, Flucht oder Erstarrung).

> **Übersicht**
>
> „fight" wäre z. B.: „Was soll ich denn noch alles tun? Ich muss schließlich arbeiten und Geld verdienen und von dem Geld lebst auch Du. Das bisschen Küche kannst Du ja wohl alleine machen!"
> „flight" wäre z. B., einfach wegzugehen und den anderen stehen zu lassen, in der Reaktion ähnlich wie:
> „freeze or shut down", z. B. wenn jemand sich wie das Kaninchen vor der Schlange fühlt, das erstarrt und emotional die Schotten dicht macht und nichts sagt
> (vgl. Gilmore Crosby 2015).

Diese drei Reaktionsmöglichkeiten sind Teil unseres angeborenen Überlebensinstinktes und entsprechen den Möglichkeiten, die unsere Vorfahren hatten, wenn sie einem Mammut gegenüberstanden. Es geschieht unbewusst und automatisch, was einer der Gründe ist, warum Paare leicht in diesem Verhalten stecken bleiben (vgl. Gilmore Crosby 2015).

Da Vorwürfe meist als Angriff aufgefasst werden und die Reaktion darauf durch den entwicklungsmäßig älteren Teil unseres Gehirns gesteuert wird, haben wir erstmal nicht wirklich eine Wahl, wie wir reagieren. Es sei denn, wir haben genug Abstand, um solch eine Situation anders wahrzunehmen. Dann können wir auch anders reagieren.

Wenn diese automatische Reaktion Teil der Beziehung ist, wird sie in den Sitzungen zur Sprache kommen; und ein Prozess des Verstehens, der Bewusstwerdung und der Veränderung kann beginnen.

Der beste Weg, dies zu verstehen, ist, sich Beispiele aus dem Alltag anzuschauen, z. B. Konfliktsituationen, die beide als schwierig erlebt haben. Das kann helfen, die Gefühle und Gedanken beider Parteien zu begreifen. Das Erkunden der Einzelheiten einer Situation kann dazu beitragen, die Ursachen für diese Gedanken und Gefühle zu klären. Es kann auch mögliche Missverständnisse erklären und klären, die z. B. auf mangelnde Kommunikation zurückzuführen sind, oder ein undefiniertes Unbehagen, das man nicht zeigen will, um die Verletzlichkeit zu verbergen. Womit auch immer ein Paar zu kämpfen hat, es wird in alltäglichen Situationen sichtbar werden.

Sonja und Fritz

Im Fall von Sonja und Fritz ist es Sonja, die immer verzweifelter wird und deren Vorwürfe nun auch begleitet werden von Zurechtweisungen. Wann immer sie die Möglichkeit sieht, ihren Mann zu kritisieren, tut sie es; und manchmal flippt sie regelrecht aus und schreit ihn an. Dies ist für sie manches Mal die einzige Möglichkeit, sich zu äußern. Sie kann nicht erkennen, dass sie ihn mit ihrem Verhalten immer weiter von sich wegstößt und dass ihre Art, mit der Situation umzugehen, dies verstärkt. Sie wird von ihren Emotionen getriggert, die es ihr unmöglich machen, einen Überblick über die Situation zu bekommen und anders damit umzugehen.

Was passiert bei Fritz? Er hat bestimmte Vorstellungen vom Leben und wie man die Dinge am besten macht und regelt. Für ihn funktioniert das prima. Er probiert, logisch an den Alltag heranzugehen. Das gibt ihm Sicherheit. Auch die Beziehung mit Sonja ist etwas, an das er besonnen herangeht und nicht in erster Linie emotional.

Er fühlt sich angegriffen angesichts der sich stapelnden Vorwürfe und hilflos, wenn es zu Wutausbrüchen ihrerseits kommt, die er nicht als Hilferuf versteht, sondern die ihn überwältigen. Sie machen ihn ratlos und er weicht zurück, geht also in den „flight"-Modus und versucht, eine unsichtbare Wand aufzubauen, die ihn schützen soll.

Angesichts der Vorwürfe geht er manchmal auch in den Gegenangriff und macht seinerseits Vorwürfe. Ein anderes Mal probiert er, sich in sein Schneckenhaus zurückzuziehen. Womit er nicht umgehen kann, vermeidet er lieber.

Seinen Rückzug erfährt Sonja als Zurückweisung, als Ausdruck dessen, dass er sie nicht akzeptiert in ihrer Hilflosigkeit; sie fühlt sich allein gelassen und ist enttäuscht. Sie denkt, dass sie doch ihr Bestes tut und das Beste für beide will. Das Beste ist in ihrer Vorstellung, was sie für richtig hält; das, was sie gelernt hat und was ihrem Wertesystem entspricht. Hier kommen die Erziehung und kulturelle Prägung bewusst und unterbewusst zum Tragen.

Literatur

Gilmore Crosby (2015). Fight, Flight, Freeze: Emotional Intelligence, Behavioral Science, Systems Theory & Leadership, CrosbyOD Publishing, (S.10–21)

9

Die Vorstellungen und Werte, die wir mitbringen

Dieses Kapitel erläutert, dass wir alle Werte und Vorstellungen haben, die wir in unsere Beziehung einbringen, und welche Herausforderungen dies mit sich bringt.

Im Laufe unseres Lebens entwickeln wir alle Werte und Vorstellungen, wie wir leben wollen, z. B. wie wir mit unserer/m PartnerIn leben wollen, wie wir unsere Kinder erziehen wollen, wie wir mit bestimmten Situationen umgehen usw. Oft sind diese Einstellungen und Vorstellungen ein selbstverständlicher Teil unseres Selbst geworden. Wir sind uns ihrer vielleicht gar nicht bewusst, weil wir sie verinnerlicht haben und vergessen, dass wir Dinge anders machen könnten.

Wir wachsen zuhause als Kinder und dann als Jugendliche in unserer Familie in einem familiären Kosmos auf, geprägt von den Vorstellungen, Werten und dem Verhalten unserer Familie. Vieles davon werden wir als

© Der/die Autor(en), exklusiv lizenziert an Springer-Verlag GmbH, DE, ein Teil von Springer Nature 2023
D. Meister, *Rettungsring Paartherapie?!*,
https://doi.org/10.1007/978-3-662-67279-2_9

selbstverständlich übernehmen, weil wir es gar nicht anders kennen; es wird ein Teil von uns. Diese Art des Lernens, die auch als „soziales Lernen" bezeichnet wird, erfordert ein Vorbild, wie z. B. ein Elternteil, Geschwister oder Freunde. Man lernt durch Beobachtung, Nachahmung und Modellierung.

Wir verinnerlichen also bestimmte Verhaltensweisen, die an bestimmte Werte und Vorstellungen gekoppelt sind. Unser/e PartnerIn teilt diese womöglich nicht, weil seine/ihre Prägung eine andere ist.

Bei dem, was wir gelernt haben, geht es nicht nur um Tischmanieren oder eine Weltanschauung, sondern auch darum, wie Emotionen gelebt wurden. Wie wurde mit Konflikten umgegangen? Wurden sie gelöst oder unter den Teppich gekehrt? Wie wurde miteinander kommuniziert? Wieviel Wertschätzung hat man erfahren? Hat man sich oft abgelehnt oder akzeptiert gefühlt? Und so weiter. Manches übernimmt man, manches will man definitiv anders machen. Da, wo man sich missverstanden gefühlt hat oder verletzt worden ist, möchte man vielleicht Dinge verändern und dem eigenen Verständnis nach „besser machen".

All dies bringen wir in eine Partnerschaft mit ein, ebenso wie unser/e PartnerIn; und oft beginnt ein Ringen darum, wer seine Vorstellungen „durchsetzen" darf.

In einer Beziehung entrinnt man nicht der Auseinandersetzung darüber, wie man die unterschiedlichen Vorstellungen und Werte unter einen Hut bekommt. Man hat jedoch eine Wahl, wie man diese Prozesse steuert, wie man sich auseinandersetzt und wie man verhandelt. Denn in einer Partnerschaft sein heißt auch, zu verhandeln, Kompromisse zu finden und Kompromisse zuzulassen, Andersartigkeiten auszuhalten und sich selbst treu zu bleiben; und auch, manchmal unterschiedliche Meinungen nebeneinander stehen lassen zu können, d. h.

Abb. 9.1 Willst Du recht haben oder in einer Beziehung sein? Dagmar Meister 2022. All Rights Reserved

„sich darauf zu einigen, nicht einer Meinung zu sein". Dies kann von entscheidender Bedeutung sein, um den/ die PartnerIn und Unterschiede besser akzeptieren zu können (siehe Kap. 31 „Verhandeln").

> Wie ein Paar Kompromisse findet und zulässt, Unterschiede erträgt und sich selbst treu bleibt, wird etwas sein, das man zusammen entwickelt; vielleicht wird es auch im Laufe der Jahre neu verhandelt. Hierbei kann, wie gesagt, die Fähigkeit, „sich darauf zu einigen, nicht einer Meinung zu sein", von entscheidender Bedeutung sein.

Wer immer denkt, er/sie weiß, was das Beste oder einzig Richtige ist, sollte sich auf eine mögliche Enttäuschung gefasst machen, dass dies von dem/r PartnerIn nicht geteilt wird (Abb. 9.1).

Sonja und Fritz

Sonja und Fritz kommen aus unterschiedlichen Ländern, haben unterschiedliche Persönlichkeiten und Temperamente, Vorstellungen und Werte. Das ist eine Herausforderung, die man verstehen und auch wollen muss. Beide waren am Anfang ihrer Beziehung fasziniert von der Andersartigkeit und den Unterschieden in einigen Bereichen und dem gleichzeitigen Gefühl der Vertrautheit. Tatsächlich können Unterschiede auch komplementär sein und sich ergänzen. Es bleibt trotzdem die Aufgabe, sie unter einen Hut zu bekommen. Dessen waren sich beide nicht bewusst; fast als hätten sie gedacht, es wird sich schon finden.

In den ersten Sitzungen wird klar, dass Sonjas Frustration so groß ist, dass sie aus dem „Vorwürfe machen" nicht rauskommt. Sie hat Vorstellungen und Erfahrungen gemacht, die tief in ihr verwurzelt sind. Ihre Vorstellungen drückt sie teils fragend, teils fordernd, teils vorwurfsvoll aus. Sie denkt, dass sie nichts Unmögliches verlangt. Sie fühlt sich allein in dieser Beziehung, einsam, zurückgewiesen, unverstanden, hilflos und auch unsicher.

Sie kann nicht sehen, dass sich eine Dynamik entwickelt hat, die beide immer weiter voneinander entfernt, und dass sie ein Teil davon ist. In den Gesprächen bekommt sie den Raum, ihre Gefühle auszudrücken; jedoch immer wieder an die Frage gekoppelt, was sie zu der Paardynamik beiträgt.

Fritz' Frustration ist verhaltener; er ist viel zurückgezogener, bedächtig und reagiert nur heftig, wenn es ihm wirklich zu viel wird. Auch er fühlt sich allein in der Beziehung, aber das ist kein wirkliches Problem für ihn. So gerne auch er eine andere Beziehung mit Sonja hätte, er kann allein sein, ohne sich einsam oder verlassen zu fühlen.

10

Wahrnehmung und Kommunikation

Dieses Kapitel erläutert den Einfluss, den unsere Wahrnehmung und unser Kommunikationsstil auf unsere Beziehung haben.

Unsere subjektive Erfahrung kann uns manches Mal einen Streich spielen. Nicht selten schätzen wir unsere Versuche, auf den/die PartnerIn zuzugehen und allgemein etwas Positives beizutragen, recht hoch ein. Wir sind meist etwas kritischer gegenüber dem, was unser/e PartnerIn beiträgt. Gleichzeitig kann es sein, dass wir Verletzungen durch unsere/n PartnerIn besonders stark wahrnehmen und, ohne uns dessen bewusst zu sein, entwickeln wir eine einseitige Wahrnehmung.

In den Paargesprächen kommen wir immer wieder an den Punkt, an dem sich z. B. herausstellt, dass ein/e PartnerIn den/die andere/n gar nicht verletzen wollte. Wie es zu solchen Missverständnissen kommt, kann an der Art

D. Meister, *Rettungsring Paartherapie?!*, https://doi.org/10.1007/978-3-662-67279-2_10

und Weise liegen, wie etwas wahrgenommen wird, oder an einer unzureichenden Kommunikation, oder an beidem.

Wahrnehmung und Kommunikation gehen oft Hand in Hand. Fühlt sich eine/r verletzt und/oder angegriffen, wird oft die „Gegenoffensive" gestartet und die Chance verpasst, über die tatsächlichen Gefühle zu sprechen. Steigen beide in die Dynamik ein, die eine Aufeinander-stapelung von Vorwürfen ist, endet die Kommunikation schnell in Enttäuschung und Streit.

Viele Paare ziehen es vor, zu schmollen oder einen Gegenangriff zu starten, anstatt zu erklären, warum sie sich verletzt oder angegriffen fühlen. Diese Reaktionen können zu Frustrationen auf beiden Seiten führen, d. h. niemand fühlt sich gehört oder verstanden und beide vermeiden es, Verletzlichkeit zu zeigen.

Warum es schwierig sein kann, über Kränkungen zu sprechen und die eigene Verletzlichkeit zu zeigen, wird im Kap. 22 „Sich verletzbar zeigen" erläutert.

Es ist wichtig, zu verstehen, wie sehr Kommunikation, die nicht gelingt, eine Beziehung belasten kann, entweder weil wir unsere Botschaft nicht vermitteln können oder die Botschaft unseres/er PartnerIn nicht so wahrnehmen, wie sie gemeint ist.

Was manchen überrascht, ist, dass wir **nicht nicht** kommunizieren können. Nicht sprechen ist auch eine Form von Kommunikation, genauso wie schreien oder sarkastisch werden. Egal, was jemand tut oder nicht tut, trägt zu der Dynamik bei; und alles, was man sagt bzw. wie man es sagt, hat einen „Beziehungsaspekt". Mit sozusagen jedem Wort teilen wir mit, wie wir zu jemandem stehen.

10.1 Der Beziehungsaspekt

Der Beziehungsaspekt ist der Teil der Kommunikation, der etwas darüber aussagt, wie wir zu einer Person stehen. Egal, über welchen Sachverhalt wir sprechen, definieren wir im selben Moment die Beziehung zu der anderen Person. Wir tun das nicht nur durch unsere Wortwahl, sondern auch durch Tonfall, Mimik und Gestik und wir können es nicht nicht tun (Vgl. Reinert Hanswille Hg., 2022, S. 258–259).

Unsere Einstellung (Beziehung) zu der Person, mit der wir kommunizieren, ist immer ein Teil der Interaktion. Es ist wichtig, sich darüber bewusst zu sein, dass wir mit jeder Äußerung, in jedem Gespräch eine Aussage darüber machen, wie wir das Verhältnis zu dem Gegenüber sehen. Sage ich: „Sei doch so nett und gib mir bitte das Glas", definiere ich das Verhältnis zu meinem Gegenüber anders, als wenn ich sage: „Kannst Du mir jetzt endlich mal das Glas geben!"

> Kommunikation hat viele Seiten: Was zwischen Sender und Empfänger passiert, ist kein selbstverständlicher Prozess, bei dem man davon ausgehen kann, dass er gelingt.

Das Spiel „Stille Post", bei dem eine/r eine Nachricht an eine/n erste/n MitspielerIn durchgibt, der/die wiederum an den/die zweite/n usw., zeigt, wie es sehr schnell zu Missverständnissen kommen kann. Meist kommt am Ende dieser Nachrichtenkette eine völlig andere Nachricht an als die ursprünglich mitgeteilte. Dies ist ein gutes Beispiel dafür, dass Kommunikation nur gelingt, wenn wir alert sind. Mit dem Bewusstsein zu kommunizieren, dass die Gefahr, missverstanden zu werden oder misszuverstehen, größer ist als wir denken, ist hilfreich (Abb. 10.1).

Abb. 10.1 Kommunikation ist schwerer als man denkt © Dagmar Meister 2022. All Rights Reserved

Dass Kommunikation im Alltag oft gut gelingt, hat viel mit stets wiederkehrenden Situationen zu tun, die sehr ähnlich sind, z. B. wenn wir in eine Bäckerei gehen, um ein Brot zu kaufen.

Sonja und Fritz

Fritz' Kommunikationsstil ist tendenziell vorsichtig. Wenn er spricht oder eine Frage beantwortet, spricht er in langen Sätzen und bildet logische Konstrukte, zeigt aber wenig Emotionen. Erst im Laufe der Zeit kann er ausdrücken, dass er sich überfordert fühlt und Sonjas Art, ihre Emotionen auszudrücken, als Belastung erlebt. Er fühlt sich in eine Welt hineingezogen, die er nicht wirklich versteht und mit der er auch nicht umzugehen weiß. Deshalb ist das Zurückweichen für ihn die beste Lösung. Die Art und Weise, wie er kommuniziert, basiert meist auf Fakten und Logik. Das ist für ihn vertrautes Gebiet; im Gegensatz zu der Möglichkeit, über seine Gefühle zu sprechen.

In seiner Herkunftsfamilie fühlte er sich schon manches Mal überfordert und war dann froh, wenn er eine Rückzugsmöglichkeit hatte. Genauso macht er es nun, wenn er sich in der Beziehung mit Sonja überfordert fühlt. Er weicht dem Gespräch aus und ihm ist nicht klar, dass nicht sprechen auch etwas ist, dass er „tut". Er vermeidet es zu reden und merkt nicht, dass **nicht** reden auch eine Form der Kommunikation ist. Er lässt Sonja somit im Unklaren und damit in einer Situation zurück, in der sie keine Ahnung hat, was in ihm vorgeht. Sie hat daraufhin das Gefühl, die Verbindung zu ihm verloren zu haben. Gleichzeitig lässt die Unklarheit einen Raum für Annahmen und Fantasien entstehen, was der/die andere denn meinen könnte oder in ihm/ihr vor sich geht.

In Sonjas Erleben hingegen gibt es zwei Möglichkeiten: Entweder sie wird gehört, verstanden und akzeptiert oder sie fühlt sich zurückgewiesen und allein gelassen. Passiert Letzteres, lässt sie das Gefühl von Hilflosigkeit emotional reagieren. Ist bei ihr eine gewisse Frustrationsgrenze erreicht, dauert es oft nur Sekunden und sie überhäuft Fritz mit Vorwürfen. Dies wiederum lässt Fritz noch mehr zurückweichen, worauf sie sich noch mehr „verlassen" fühlt.

10.2 Was erhoffen wir uns, wenn wir unsere/n PartnerIn auf etwas ansprechen?

In der Regel wollen wir gehört und verstanden werden und eine Antwort auf das Anliegen, die Frage, die wir haben, bekommen. Wir wollen uns angenommen fühlen mit dem, was uns beschäftigt.

Das heißt, wenn beide den Versuch machen, einander zuzuhören, zu verstehen und auf Fragen und Wünsche einzugehen, erhöht sich die Chance, dass sich beide gut miteinander verbunden fühlen und dass dadurch Vertrauen wachsen kann. Aufeinander eingehen heißt nicht, dass man jedem Wunsch des/der PartnerIn folgen oder

diesen unbedingt erfüllen muss, aber es ist wichtig, dem/
der PartnerIn Raum zu geben und ihm/ihr zuzuhören.

Es heißt auch nicht, dass man einer Meinung sein muss.
Es gibt jedoch Unterschiede wie man die eigene Meinung
vertritt. Es ist etwas anderes und fühlt sich anders an,
wenn der/die PartnerIn sagt: „Ich sehe es so und so…",
oder wenn er/sie sagt: „So ist es und nicht anders!"

Wieviel Raum kann ein Paar einander geben? Inwieweit
kann man akzeptieren, dass der/die PartnerIn anders
denkt, auch wenn es einem nicht gefällt?

Oft ist es hilfreich, dem/der PartnerIn von vorneherein
mitzuteilen, was man sich von dem Anliegen erhofft.
Zum Beispiel kann man sagen: „Ich würde Dir gerne
etwas erzählen, weil mir beim Formulieren selbst deutlicher wird, was ich eigentlich meine. Ich brauche erstmal
kein Feedback, sondern einen Zuhörer." Dies erhöht die
Chancen, dass beide wissen, was sie erwarten können. Vor
allem aber braucht der/die ZuhörerIn sich keine Gedanken
darüber zu machen, wie er/sie denn nun reagieren soll
oder was der/die PartnerIn womöglich erwartet, denn das
ist ausgesprochen.

Literatur

Reinert Hanswille (Hrsg.). (2022). Basiswissen Systemische
Therapie, Vandenhoeck & Ruprecht, Göttingen, (S. 258–259)

11

Frustrationen

Frustrationen können eine Beziehung erheblich belasten, wenn sie nicht verstanden und verarbeitet werden können.

Wenn Frustrationen sich auf beiden Seiten über Jahre aufgebaut haben, braucht es Zeit diese abzubauen. Wenn den dazugehörigen Gefühlen der nötige Raum gegeben wird, können sie in Bewegung kommen und ein Prozess der Verarbeitung bis zum Loslassen kann in Gang kommen. Teil dieses Prozesses ist der Austausch der beiden PartnerInnen darüber, wie sie sich in der Vergangenheit gefühlt haben und warum. In den Gesprächen kann einander offen und ehrlich mitgeteilt werden, was in beiden vor sich gegangen ist.

Oft kommt Überraschendes zutage und es wird klar, wie oft sich beide missverstanden haben; wie oft man Gedanken und Gefühle *nicht* miteinander geteilt hat und dass dies zu Missverständnissen oder unnötigen Auseinandersetzungen geführt hat.

Ein anderer, neuer Blick kann wachsen, der Verständnis füreinander entstehen lässt. Dies kann schnell gehen, oder auch länger dauern, aber am Ende dieser Phase ist in der Regel eine neue Vertrautheit entstanden. Diese Vertrautheit basiert auf dem Gefühl, dass man sich anders, ehrlicher hat zeigen können, so wie man ist, wie man sich fühlt, und der/die PartnerIn einen so annehmen konnte. Man hat den Sprung geschafft, sich verletzbar zu zeigen, anstatt direkt in die Verteidigung, z. B. Vorwürfe oder Rückzug, zu gehen und hat damit eine offenere Kommunikation ermöglicht.

Manchmal wird deutlich, dass selbst mit der besten Absicht, ein Problem zu lösen, eine/r oder beide zu einer Dynamik beitragen, die nicht hilfreich ist. Es kann schwierig sein, dies zu akzeptieren, da es die Vorstellungen, die man über sich selbst entwickelt hat, womöglich infrage stellt. Die gute Absicht alleine ist eben nicht immer ausreichend.

Es mag sich wie eine Herausforderung anfühlen, aber sobald ein Paar das positive Ergebnis der beiderseitigen Bemühungen sieht, ändert sich das. Wie erwähnt, ist es meist einfacher, die Dinge zu sehen, die der/die PartnerIn verbessern könnte, und man hört weniger gerne oder leugnet sogar, dass man selbst die Dynamik verbessern könnte.

Auch hier geht es nicht um „richtig" oder „falsch", sondern darum, zu sehen, dass jedes Verhalten Einfluss auf den/die PartnerIn hat oder Konsequenzen nach sich zieht. Was immer beide tun oder nicht tun, wird einen Effekt auf den/die PartnerIn haben. Ein wichtiger Schritt ist erreicht, wenn beide spüren, dass sie dies viel besser als Team meistern können und nicht als „Gegner".

Beispiel

Sonja z. B. hatte immer wieder das Gefühl, von Fritz nicht geschätzt oder gar abgelehnt zu werden, als ob sie nie etwas gut machen würde. Er schien sie oft zu kritisieren und sogar als selbstsüchtig hinzustellen. Das verletzte und frustrierte sie tief. Im Laufe der Gespräche stellte sich heraus, dass es dafür multiple Gründe gab.

Als Kind und Jugendliche hatte sie sich von ihrem Vater sehr ähnlich behandelt gefühlt; etwas, das damals schon sehr schmerzhaft war. Dies hat sie dahingehend geprägt, dass sie sich einen ähnlichen Partner ausgesucht hat (siehe auch das Kapitel 27 „Vertrautheit"). Auf einem eher unbewussten Level hatte ein Teil von ihr die Erwartung, wieder genauso behandelt zu werden, wie ihr Vater sie behandelt hatte. D. h. alles, was Fritz sagte oder tat, sah sie aufgrund dieser Vorprägung wie durch eine getönte Brille. Unsere Wahrnehmung ist immer subjektiv, aber es gibt einen Unterschied zwischen subjektiver und verzerrter Wahrnehmung.

Sie konnte vieles, was von ihm kam, nicht „neutral genug" aufnehmen. In manchen Situationen wurde genau das getriggert, was sie im Verhältnis zu ihrem Vater als so schwierig erlebt hatte. Ohne dass sie es merkte, schossen alte Gefühle in ihr hoch. Da diese Gefühle in milderer Form der Situation in etwa noch gerecht geworden wären, scheinen sie ihr angemessen. Sie erkennt nicht, dass sie unverhältnismäßig reagiert. Die Gefühle sind so stark, dass Sonja dadurch überwältigt wird und nicht merkt, dass sie auf etwas reagiert, was in der von ihr erlebten Form gar nicht stattgefunden hat.

Es ist wichtig, solche Zusammenhänge zu verstehen, zu sehen, wie sie die Dynamik der Beziehung beeinflussen, und zu sehen, dass es Möglichkeiten gibt, dies zu verändern. Schnell wird deutlich, dass man mehr Kontrolle bzw. Einfluss auf die Beziehung hat, als man denkt. Paare, die oft re-aktiv sind, übersehen, dass sie pro-aktiv Einfluss nehmen können.

12

Erwartungen

Wie können Erwartungen unsere Beziehung beeinflussen? Welche Erwartungen sind realistisch und woher kommen unsere Erwartungen?

Es braucht oft eine Überprüfung der Erwartungen:

- Sind sie realistisch?
- Kann man z. B. von seinem/r PartnerIn erwarten, dass er oder sie einen glücklich macht?
- Oder dass er/sie intuitiv weiß, was man braucht oder möchte?

Nicht alle Erwartungen, die wir haben, sind uns bewusst. Wenn dies der Fall ist, werden sie in der Regel nicht offen ausgesprochen, können sich jedoch in einem bestimmten Verhalten widerspiegeln; z. B. wenn wir enttäuscht sind, weil unser/e PartnerIn sich anders verhält als erwartet und wir ungeduldig oder irritiert reagieren, obwohl wir wissen, dass es dafür eigentlich keinen Grund gibt.

Eine Beziehung kann auch Bedürfnisse und Wünsche, die in jungen Jahren von den Eltern oder Bezugspersonen nicht erfüllt wurden, an die Oberfläche holen, ohne dass man sich dessen deutlich bewusst ist. Wenn sich dann die Hoffnung entwickelt, dass der/die PartnerIn endlich die Dinge tut (oder nicht tut), die man vermisst hat, ist das Risiko groß, dass man enttäuscht wird.

Solange uns diese Erwartungen nicht bewusst sind, können wir sie nicht oder nicht deutlich kommunizieren. Werden sie uns bewusst, kann ein Prozess in Gang kommen, der es uns ermöglicht, abzuwägen. Alles, was Teil unseres Bewusstseins ist, gibt uns die Möglichkeit, etwas an-zu-schauen. Ein „Abstand" ist entstanden, der es uns erlaubt, zu sehen und zu verstehen, woher unsere Erwartungen kommen und ob sie realistisch sind. Ein Gespräch kann stattfinden, in dem beide PartnerInnen sagen können, was sie fühlen und wie sie darüber denken.

Vielleicht will der/die PartnerIn die Erwartungen erfüllen, vielleicht nicht, und auch das kann zu einem Gefühl der Ablehnung und/oder Enttäuschung führen; ähnlich wie vielleicht in der Kindheit. Wenn dies geschieht, wird es in den Sitzungen zur Sprache kommen, und so besteht die Möglichkeit, die Erwartungen beider PartnerInnen zu verstehen und zu verhandeln.

Für manche Menschen ist es schwer, ihre Bedürfnisse zu äußern. Sie können die Neigung haben, von ihrem/r PartnerIn zu erwarten, dass er/sie diese Bedürfnisse errät, sie aufgreift und erfüllt.

Oft sind sie bereit, viel zu geben, allerdings möglicherweise zu ihren Bedingungen, was wiederum dazu führen kann, dass sie dadurch versuchen, verstärkt Kontrolle auszuüben. Meist sind sie sich darüber selbst nicht im Klaren; genauso wenig darüber, welchen Einfluss ihr Verhalten auf die Beziehung hat. Was das Ganze verkompliziert, ist, dass hier ebenso die Erwartung an den/die PartnerIn in der Regel nicht ausgesprochen wird.

> Wo die offene Kommunikation fehlt, werden Annahmen gemacht, die, wenn sie nicht überprüft werden, ein Eigenleben beginnen können.

Was immer wir tun oder nicht tun, kann sich auf unsere/n PartnerIn auswirken, auch wenn es nur in geringem Maße ist. Es ist sehr wahrscheinlich, dass er/sie auf uns reagiert, auf das, was wir gesagt oder getan oder nicht gesagt oder getan haben. In diesem Zusammenhang ist es wichtig, dass wir uns im Klaren darüber sind, was wir erwarten, was wir wollen; und um das zu können, müssen wir zuerst uns selbst verstehen.

In einer Beziehung, die „gut genug" ist, kann man erwarten, dass man mit Freundlichkeit, Respekt und Zuneigung behandelt wird und der/die PartnerIn loyal ist. Genauso wie man erwarten kann, dass Konflikte Teil der Beziehung sind, sollte man sich im Klaren darüber sein, dass man sich mit der Wahl des/der PartnerIn auch für einige unlösbare Probleme entscheidet; z. B., wenn ein/e PartnerIn sehr ordnungsliebend ist, während der/die andere es nicht ist.

Es mag also Bereiche geben, in denen ein Paar nur schwierig einen Weg oder gar keinen Weg nach vorne finden kann. Dann kann es eine Herausforderung sein, einen Kompromiss oder eine Lösung zu finden. Vielleicht einigt sich das Paar darauf, unterschiedlicher Meinung zu sein und zu bleiben; und damit lassen beide bestimmte Erwartungen los, sodass sie nicht ständig frustriert werden.

Wir sehen, dass viele Faktoren eine Rolle spielen. In einer Beziehung kommt alles zum Tragen, unsere Vergangenheit, unsere Persönlichkeit, unsere ungelösten

Probleme, unsere Hoffnungen und Wünsche, unsere Enttäuschungen, unser Grad an Entwicklung und eben auch unsere Erwartungen.

Woher kommen unsere Erwartungen?

Unsere Erwartungen sind Vorstellungen, wie unser/e PartnerIn und unsere Beziehung sein sollen, damit er/sie zu den eigenen Wertvorstellungen, Bedürfnissen und Wünschen passt. Sie sind geprägt durch unsere Herkunftsfamilie, Freunde, Erfahrungen, die wir gemacht haben, und die Kultur, in der wir leben.

Manche Menschen sind sich nicht im Klaren darüber, was sie genau erwarten bzw. es ist vage, unklar. Aber genau dies ist wichtig, denn nur so kann man darüber sprechen und die Erwartungen überprüfen. Sind die Erwartungen realistisch? Sind sie womöglich überholt, passen sie vielleicht nicht mehr? Diese und ähnliche Fragen sind immer wieder Teil der Gespräche. So ist auch dies ein Prozess, der sich im Laufe der Zeit entwickelt.

Sind die Erwartungen zu hoch oder nicht angemessen, wird man enttäuscht werden. Sind sie zu „niedrig", d. h. wenn man bereit ist, die eigenen Erwartungen mehr als es sich für einen selbst richtig anfühlt, hintenanzustellen, wird man sich sozusagen selbst enttäuschen.

Sonja und Fritz

Sonja und Fritz hatten von Anfang an recht unterschiedliche Erwartungen, wie ihre gemeinsame Beziehung aussehen sollte. Sie hatten sich aber nie wirklich darüber ausgetauscht. Sonja wollte so viel wie möglich mit Fritz teilen, da dies ihrer Vorstellung von einer guten Beziehung entsprach. Sie hatte die Erwartung, dass sich dies mit der Zeit entwickeln würde, während es Fritz wichtig war, Raum für sich selbst zu haben. Er wollte für sich sein, weil ihm das half, seine Batterien aufzuladen.

Fritz möchte nicht „vereinnahmt" werden und Sonjas Wunsch nach Nähe korreliert damit nicht gut. Da beide nicht über ihre Erwartungen und Vorstellungen gesprochen hatten, war ihre Beziehung wie ein Wollknäuel geworden, das sich verknotet hatte. Je mehr an den vielen Knoten gezogen wurde, in der Hoffnung, dass sich etwas lösen würde, desto fester zog sich dieses Knäuel zusammen. Die Frustrationen und das Gefühl der Hilflosigkeit wurden größer.

Sonja war im Laufe der Gespräche immer wieder nahe daran aufzugeben, das Knäuel hinzuschmeißen. Sehr verständlich; doch das Knäuel wegzuwerfen, löst nur temporär ein Problem. Wenn man nicht sieht und versteht, was die Knoten verursacht hat, ist die Gefahr groß, dass man auch in einer nächsten Beziehung eine ähnliche Erfahrung machen wird.

Was wir zu Hause oder in der Schule, bei Freunden nicht lernen, ist erstmal nicht Teil unserer Welt. Im Laufe unseres Lebens machen wir Erfahrungen und lernen dazu.

Ebenso erkennen wir manches Mal, dass wir gewisse Dinge vermeiden oder nicht tun und/oder glauben, dass wir sie nicht tun können. Wenn wir uns all dessen bewusst werden, haben wir Wahlmöglichkeiten. Bewusstsein gehört zu den wichtigen Instrumenten, die wir haben, um unser Leben und unsere Beziehung zu navigieren.

Sich bewusst zu sein, erlaubt uns zu überlegen, abzuwägen; und wir können oftmals bessere Entscheidungen treffen.

13

Bewusstsein

Warum es wichtig ist, Bewusstsein zu entwickeln.

Veränderungen beginnen oft mit einem neuen Verständnis und einem neuen Bewusstsein. Warum will ich, was ich will? Warum tue ich, was ich tue? Was will ich erreichen? Was erwarte ich von meinem/r PartnerIn? Was sind meine Stärken? Was meine Schwächen?

Wie erwähnt, die Schwächen unseres/r PartnerIn haben wir oft besser im Blick als unsere eigenen. Paartherapie heißt auch, sich selbst zu hinterfragen und besser zu verstehen; sich selbst zu akzeptieren und sich darüber bewusst zu sein, dass es immer Raum für Weiterentwicklung gibt. Dies jedoch, ohne uns zu bewerten.

Selbstakzeptanz, Selbstbewusstsein (sich seiner selbst bewusst sein und sich mit sich selbst gut fühlen) sind wichtige Ressourcen in der Beziehung. Sie erlauben

D. Meister, *Rettungsring Paartherapie?!*, https://doi.org/10.1007/978-3-662-67279-2_13

Menschen, gelassener zu sein und sich weniger schnell angegriffen zu fühlen. Das heißt auch, in schwierigen Momenten können sie ruhiger bleiben und sich, wenn nötig, selbst beruhigen.

Sonja und Fritz

Fritz ist sich nicht bewusst, was sein Verhalten bei Sonja auslöst. Er versteht nicht, dass sie sich oft alleine gelassen und abgelehnt fühlt und manches Mal sogar verurteilt; einfach deshalb, weil er dafür keinen Grund sieht. Er will doch nur das Beste für beide. Er sieht nicht, dass dadurch ihr Selbstwertgefühl schrumpft und sie ihre innere Balance verliert.

Ihre Art, Dinge anzusprechen, wiederum macht ihn unsicher, weil er sie als sehr unberechenbar in ihren Reaktionen erlebt. Wenn ihre Emotionen hochkochen, fühlt er sich überfordert.

Wenn sich beide bewusst darüber werden, dass der/die andere nicht in demselben Denk- und/oder Fühlschema ist, haben sie weit mehr Möglichkeiten, mit den schwierigen Gesprächssituationen umzugehen. Wenn Fritz davon ausgeht, dass Sonja seine Statements in vielen Fällen ganz anders versteht als er sie meint, kann er nachfragen, ob seine Message richtig angekommen ist und Missverständnisse aufklären.

Das gelingt aber nur, wenn Sonja ihm glaubt und darauf vertraut, dass Fritz sie ernst nimmt und sie nicht verletzen will, so wie sie es bei ihrem Vater erlebt hat. Für sie ist es ein neuer Gedanke, dass sie Fritz fragen kann, wie er etwas gemeint hat, wenn sie sich nicht sicher ist. Dies funktioniert, wenn sie ihm glauben kann, dass er meint, was er sagt.

In den gemeinsamen Gesprächen reagiert sie anfänglich auf ein Statement von Fritz mit der immer selben Aussage: „Das stimmt nicht! Das denkt er nicht!" In ihrem Kopf haben sich bestimmte Überzeugungen entwickelt, die sie nicht mehr loslassen kann, egal was Fritz sagt. Sie ist felsenfest davon überzeugt, dass sie besser weiß, was in Fritz vor sich geht, als er.

Es braucht viele Momente, in denen wir gemeinsam klären, warum eine Überzeugung entstanden ist, warum sie daran festhält und was es bedeutet, wenn sie eine andere Idee zulässt. Sonja ist sich ihrer selbst nicht sehr sicher und fühlt sich u. a. auch deshalb schnell angegriffen.

Sich seiner selbst nicht sicher sein, kann dazu führen, dass man an bestimmten Dingen festhält, auch wenn man sich damit selbst im Wege steht. Dieses Festhalten scheint eine Stütze zu sein, die man nicht loslassen will, weil man befürchtet, sonst noch unsicherer zu werden.

Deshalb ist es wichtig, die Stärken, die beide PartnerInnen mitbringen, immer wieder zu benennen. Sie können eine wertvolle Ressource sein, sodass beide ein besseres Selbstwertgefühl entwickeln können. Gleichzeitig ist es wichtig, die Einstellungen und Verhaltensweisen, die den Prozess stoppen oder blockieren, zu hinterfragen und Alternativen zu erarbeiten.

In den gemeinsamen Gesprächen werden Alltags-situationen als Beispiel genommen, denn am besten ver-steht man Zusammenhänge, wenn sie den direkten Bezug zum eigenen Leben haben. Was ist in einer schwierigen Situation bei einem Paar emotional und gedanklich abgelaufen? Warum hat man keine andere Möglichkeit gesehen? Was für andere Möglichkeiten hätte es gegeben? Was hätte ein anderes Verhalten bei beiden bewirkt? Diese Fragen helfen mehr Bewusstsein zu entwickeln.

Manches Mal reagieren wir in unserer Beziehung auf eine Art und Weise, die wir selbst nicht wirklich verstehen. Wir handeln so, obwohl wir vielleicht eine Ahnung haben, dass es nicht hilfreich ist. Das hat verschiedene Gründe, einer davon liegt sicherlich in der Art und Weise, wie wir „Bindung" gelernt haben.

Die erste emotionale Bindung in unserem Leben bauen wir mit unseren Eltern/Versorgern auf. Hier werden erste Weichen gestellt; wir lernen eine bestimmte Form von Bindung kennen, die uns begleiten wird. Haben wir einige wenig hilfreiche Verhaltensweisen gelernt, können sich diese negativ auf unsere Beziehungen als Erwachsene aus-wirken. Ebenso kann positives Verhalten, das wir gelernt haben, uns helfen, eine stabile Beziehung zu unserem/r PartnerIn aufzubauen.

Was wir hier lernen, ist jedoch nicht in Stein gemeißelt, denn heute wissen wir um die Neuroplastizität (die Fähigkeit des Gehirns, sich zu entwickeln) und somit um die Möglichkeit der Veränderung. Wir wissen, dass wir uns selbst bis ins hohe Alter entwickeln können. Um das tun zu können, brauchen wir Feedback von außen und die Offenheit, uns selbst wahrnehmen und verstehen zu wollen. (Vgl. Sharon Begley 2010).

> Bewusstsein gibt uns Wahlmöglichkeiten; erst wenn wir uns darüber bewusst sind, was wir tun, welche Auswirkungen dies für uns und auch auf andere haben kann, können wir bewusste Entscheidungen treffen.

Mit dem Bewusstsein und Wissen, dass ich z. B. mit einem bestimmten Verhalten meine/n PartnerIn verletzen würde, habe ich die Möglichkeit, mein Verhalten zu modifizieren. Ob ich das tue, ist eine andere Frage. Ich kann eine bewusste Entscheidung treffen. Ich kann überlegt reagieren.

Literatur

Sharon Begley, (2010). Neue Gedanken – neues Gehirn. Die Wissenschaft der Neuroplastizität beweist, wie unser Bewusstsein das Gehirn verändert. Goldmann

14

Komplexität von Paarbeziehungen

Wie es kommt, dass die Paarbeziehung zu einer Herausforderung werden kann.

Zwei Menschen, die sich in einer Paarbeziehung oder Ehe miteinander verbunden haben, bringen beide eine große Anzahl von Elementen mit, die sich in einer bestimmten Beziehungsdynamik entwickeln und ausdrücken. Die Vielzahl dieser verschiedenen Elemente ist Paaren oft nicht bewusst; es braucht Offenheit, um sie anschauen und verstehen zu können. Ebenso braucht es einen gewissen Abstand, um sich selbst und seine/n PartnerIn einigermaßen objektiv einschätzen zu können.

Darum ist Paartherapie auch immer ein Weg, mehr über sich selbst zu erfahren, sich selbst besser kennenzulernen.

Es ist nicht nur die Vielzahl der Elemente, die an sich schon verwirrend sein kann, sondern noch viel mehr, wie

D. Meister, *Rettungsring Paartherapie?!*,
https://doi.org/10.1007/978-3-662-67279-2_14

sich diese Elemente miteinander verbinden können. Die Beziehungsdynamik wird ja in der Regel, nicht Schritt für Schritt geplant, sondern ergibt sich aus dem Verhalten zweier Menschen und ihrer Interaktion.

Wie wir wissen, ist dies oft in der Verliebtheitsphase vorwiegend positiv. Unterstützt durch Hormone, die ausgeschüttet werden, erleben Menschen viele positive Stimmungen. Oft fühlen sie sich dann gesehen, verstanden, unterstützt und geliebt. Sie beantworten diese positiven Erfahrungen mit Verständnis, Unterstützung und liebevollem Verhalten dem/r PartnerIn gegenüber.

So entsteht ein positiver Kreislauf, der erst im Laufe der Zeit „auf die Probe gestellt" wird; z. B., wenn die ersten Male gemeinsame Entscheidungen anstehen und es schwierig wird, weil eine/r lieber einen Badeurlaub als eine Bergwanderung in den Alpen machen möchte. Auf einmal beharrt eine/r auf seinen/ihren Vorstellungen und sagt nicht großzügig: „Wenn dir das sehr wichtig ist, können wir es so machen wie du es willst." Worauf die „normale" Antwort gewesen wäre: „Ja, aber wir können es auch so machen, wie du es vorgeschlagen hast."

Oft stellen sich beide in der ersten Phase bereitwillig auf den/die andere/n ein, und beide wollen einander ihre Großzügigkeit und damit ihre Liebe beweisen. Was passiert jetzt auf der Seite desjenigen, der/die überrascht wird von der neuen Richtung, die da heißt: „Ich finde mein Anliegen wichtiger als deines"?

Meist folgt eine Ernüchterung und auch Enttäuschung. Man fühlt sich sozusagen getäuscht. Wo ist der/die liebevolle, verständnisvolle PartnerIn geblieben, der/die alles für einen tun wollte? Die Enttäuschung wird vielleicht schnell beiseitegeschoben, weil man nicht möchte, dass sich etwas ändert.

Oder man geht zum „Gegenargumentieren" über und positioniert die Argumente für das, was man selbst gerne möchte.

In beiden Fällen wird ein Samen gesät, der, wenn er mehr „Nahrung" bekommt, wachsen kann. Auch aus kleinen Unterschieden können tiefere Verletzungen entstehen.

- Sind beide in der Lage, offen über das zu sprechen, was in ihnen vor sich geht?
- Können sie ihre Enttäuschung mitteilen?
- Können sie sagen, dass sie sich womöglich verletzt fühlen, und sich fragen, was hier eigentlich passiert?

Meist braucht es viele ähnlich enttäuschende Situationen, bevor sich tatsächlich eine negative Paardynamik entwickelt. Dies heißt nicht, dass zwei Menschen nun unglücklich miteinander sind; es mag noch viele positive Seiten geben, aber von nun an besteht die Gefahr, dass sich eine Negativspirale entwickeln kann.

Es kann sein, dass ein Paar spürt, dass sich etwas verändert hat, dass etwas in der Beziehung nicht mehr ganz so gut läuft. Sie können jedoch nicht den Finger auf die „Wunde" legen, weil sie zu nah dran sind und der Abstand fehlt, um zu verstehen, was gerade schiefläuft. Dann ist eine professionelle Unterstützung viel wert. Noch kann in relativ kurzer Zeit an das positive Erleben, das zwei Menschen miteinander teilen, angeknüpft werden. Das Misstrauen ist noch nicht zu groß oder die Enttäuschung zu gravierend.

> **Wichtig** Wie schon beschrieben, ist nicht nur der Aufwand viel größer, wenn man zu lange wartet. Es ist vor allem die Zeit, all die Tage und Stunden, in denen sich zwei Menschen vielleicht traurig, wütend oder hilflos gefühlt haben, die man nicht zurückholen kann. Diese Zeit ist sozusagen eine „verlorene Zeit".

Das Schaubild in Abb. 14.1 gibt einen Überblick über die unterschiedlichen Aspekte, die die Dynamik eines Paares beeinflussen und die in Paargesprächen zur Sprache kommen. Diese Elemente spielen für beide PartnerInnen eine Rolle. Zwei Menschen bringen immer zwei Sichtweisen, Erfahrungen, Wünsche usw. mit. Manches davon sind Stärken, manches sind Herausforderungen. Es veranschaulicht die Komplexität, die die PartnerInnen miteinander erleben.

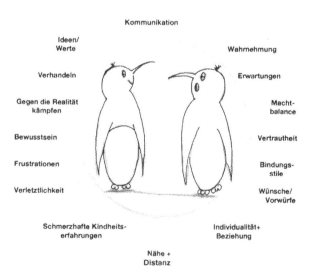

Abb. 14.1 Aspekte von Paarbeziehungen. (© Dagmar Meister 2022. All Rights Reserved)

15

Wann ist der/die PartnerIn nicht der/die Richtige?

Fragen, die helfen können zu verstehen, ob man mit dem/der richtigen PartnerIn zusammen ist.

Leider gibt es keine Formel, die man anwenden kann, um zu wissen, ob ein/e PartnerIn der/die Richtige ist. Zu viele Komponenten spielen, wie wir gesehen haben, eine Rolle. Doch gibt es ein paar Fragen, die, wenn man sie mit „ja" beantwortet, der Mühe wert sind, weiter darüber nachzudenken oder sich Unterstützung in dem Prozess zu suchen:

- Habe ich das Gefühl, mein/e PartnerIn dreht in erster Linie immer um sich selbst?
- Weicht er/sie ständig aus, wenn ich versuche, Dinge anzusprechen und zu klären?

© Der/die Autor(en), exklusiv lizenziert an Springer-Verlag GmbH, DE, ein Teil von Springer Nature 2023
D. Meister, *Rettungsring Paartherapie?!*,
https://doi.org/10.1007/978-3-662-67279-2_15

- Habe ich das Gefühl, er/sie kann nicht wirklich Nähe zulassen und es enttäuscht mich?
- Habe ich das Gefühl, ich bin sehr oft nicht gut genug in seinen/ihren Augen?

Haben wir den Eindruck, dass unser/e PartnerIn nicht der/die Richtige ist, sollten wir verstehen, was uns früher an ihm/ihr angezogen und/oder fasziniert hat:

- Ist z. B. die Stärke des/der PartnerIn, die uns einst ein Gefühl der Sicherheit gegeben hat, auf einmal dem Gefühl gewichen, dass er/sie so dominant ist?
- Was hat sich verändert? Der/die andere? Oder unsere Sichtweise? Oder beides?

Finden wir heraus, dass unser/e PartnerIn nicht zu uns passt und verstehen wir, wie das zusammenhängt, können wir beim nächsten Mal auf diese Erkenntnisse zurückgreifen und vielleicht eine bessere Wahl treffen.

Wenn sich unser/e PartnerIn nicht so verhält, wie wir es uns erhoffen, sollten wir auch immer bedenken, dass wir Teil der Dynamik sind und dazu beitragen. Ebenso sollten wir in Betracht ziehen, dass wir unsere/n PartnerIn womöglich durch eine Brille wahrnehmen, die die Wirklichkeit verzerrt. Dann ist es möglich, dass wir unsere/n PartnerIn nicht realistisch sehen.

Und natürlich gibt es jede Art von Mischformen. Deshalb kann es sehr hilfreich sein, dies mithilfe einer unabhängigen Person herauszufinden.

In diesem Zusammenhang ist es auch wichtig, dass wir uns fragen, ob unsere Vorstellungen realistisch sind:

- Sind wir in der Lage, zu akzeptieren, dass wir in einer Beziehung auch mal enttäuscht werden und wir unsere/n PartnerIn ebenfalls enttäuschen werden?
- Können wir akzeptieren, dass unser/e PartnerIn seine/ihre Fehler hat, dass er/sie nicht perfekt ist, genau wie wir? Wie bereits erwähnt, bedeutet in einer Beziehung zu sein, dass wir uns mit einigen unlösbaren Problemen auseinandersetzen müssen; zum Beispiel, wenn wir unsere Schwiegereltern nicht so schätzen, wie das unser/e PartnerIn tut.
- Können wir die Hoffnung auf den/die perfekte/n PartnerIn loslassen?

Die Realität ist, dass eine Beziehung uns ebenso herausfordern wie glücklich machen kann. Sie hat viele Facetten, die es zu verstehen gilt und mit denen wir lernen können, umzugehen.

Teil III

Einfluss unserer Beziehungserfahrungen – Die Bindungstheorie

In diesem Teil werden zunächst die wichtigsten Gedanken zur Bindungstheorie in Bezug auf die Eltern-Kind-Beziehung und danach die drei Bindungsstile für erwachsene, partnerschaftliche Beziehungen zusammengefasst. Sie sollen einen Überblick darüber geben, inwieweit das Verhalten in einer partnerschaftlichen Beziehung durch frühe und auch spätere Erfahrungen geprägt wird.

16

Überblick: Die Bindungstheorie und ihr Einfluss

Die Bindungstheorie wurde erstmals von John Bowlby (vgl. 1958) und dann von Mary Ainsworth (vgl. 1978) entwickelt und von Mary Main (vgl. 1986) erweitert. Sie bezieht sich auf die Eltern/Bezugsperson-Kind-Beziehung und wie diese die Entwicklung eines Kindes prägt und beeinflusst.

Später wurden dann drei Bindungsstile für partnerschaftliche Beziehungen identifiziert, welche das Verhalten in der Beziehung zu dem/der PartnerIn veranschaulichen. Sie können helfen, bestimmte Reaktionen und Verhaltensweisen besser zu verstehen und gegebenenfalls zu verändern (vgl. Cindy Hazan und Philip Shaver 1987; Amir Levine und Rachel S. F. Heller 2019).

Ein wichtiger Teil, der unser Fühlen, Denken und Handeln in einer Partnerschaft prägt, ist die Form der Bindung, die wir mit unseren Eltern erlebt und gelernt haben. Dieser erlernte Bindungsstil entwickelt und verändert sich im Laufe unseres Lebens. Alle neuen

D. Meister, *Rettungsring Paartherapie?!*, https://doi.org/10.1007/978-3-662-67279-2_16

Erfahrungen, die wir machen, tragen dazu bei. Dies findet seinen Ausdruck unter anderem in der Art, wie wir versuchen, unsere komplexen Bedürfnisse als Erwachsene erfüllt zu bekommen.

In meiner Praxis erlebe ich, dass viele Paare die Hoffnung haben, dass der/die PartnerIn seine/ihre Gedanken lesen kann. Dass er/sie wie selbstverständlich versteht, was sie meinen, was ihnen so wichtig ist oder was sie wirklich brauchen. In der Beziehung zu unserem/r PartnerIn kann eine bedürftige Seite von uns zum Vorschein kommen. Das ist manches Mal ein fast natürlicher Prozess, denn meist hoffen wir, eine Person gefunden zu haben, der wir 100 % vertrauen können, die ein Interesse daran hat, dass es uns gut geht, eine Person, die uns „bedingungslos" liebt. Einige Paare hoffen, wenn auch nur unbewusst, in einer Partnerschaft das zu bekommen, was sie vielleicht als Kind oder Jugendliche/r oder in einer vorherigen Beziehung vermisst haben. Das sind zum Teil unbewusste Prozesse, die jedoch dazu verleiten können, überhöhte oder auch unrealistische Erwartungen an den/die PartnerIn zu haben.

Stellen wir uns vor, ein/e PartnerIn kann jede Form von konstruktiver Kritik oder eine andere Sichtweise nur als Angriff erleben und erwartet deshalb von dem/der PartnerIn, dass er/sie immer zustimmt oder immer die gleiche Meinung hat. Was heißt das für die Beziehung? Es ist wahrscheinlich, dass dies zu Spannungen und Enttäuschungen führt, da die Erwartung nicht realistisch ist. Die Form der Bindung, die wir gelernt haben, beeinflusst unsere Wahrnehmung, unsere Vorstellungen und unser Verhalten, legt uns aber nicht fest. Wenn wir dies verstehen, können wir bewusste Entscheidungen darüber treffen, welche dieser Prägungen wir als positiv und hilfreich in unserem Leben erfahren oder was wir eventuell anpassen und verändern wollen.

Literatur

Ainsworth MD, Blehar MC, Waters E, Wall S (1978). Patterns of attachment: A psychological study of the strange situation. Hillsdale, NJ: Earlbaum (S. 17–23 und 310–322)

Amir Levine and Rachel S. F. Heller (2019). Attached: The New Science of Adult Attachment, Pan Macmillan, (S. 78–137)

Bowlby, J. (1958). The nature of the child's tie to his mother, The International Journal of Psychoanalysis, 39, (S. 350–373)

Cindy Hazan and Philip Shaver (1987). Journal of Personality and Social Psychology, Vol.52, Nr.3, (S. 511–524)

Main, M. & Solomon, (1986). J., Discovery of a new, insecure-disorganized/disoriented attachment pattern. In M. Yogman & T. B. Brazelton (Eds.), Affective development in infancy, Norwood, NJ: Ablex., 1986, (S. 95–124 161–164)

17

Bindungsstile in der Kindheit

Wie wir zu Beginn unseres Lebens emotional angebunden sind, hat unter anderem seinen Ursprung in der Art und Weise, wie unsere Eltern oder Versorger auf uns und unsere Bedürfnisse haben eingehen können.

Babys und Kleinkinder brauchen nicht nur jemanden, der sie versorgt, sondern auch jemanden, zu dem sie eine emotionale Bindung aufbauen können. Jemanden, dem sie vertrauen können, bei dem sie sich sicher und geborgen fühlen können und der ihre Bedürfnisse beantworten kann. Das ist ein wichtiger Baustein, um die unzähligen Entwicklungsschritte machen zu können, die zur Entwicklung dazugehören.

Kinder können dann ihre Bezugsperson als sichere und verlässliche Basis wahrnehmen. Ist dies der Fall, sprechen wir von einer **sicheren Bindung**. Was passiert, wenn man

D. Meister, *Rettungsring Paartherapie?!*,
https://doi.org/10.1007/978-3-662-67279-2_17

in einer Familie oder mit Versorgern aufwächst, die das
nicht haben leisten können?

Übersicht

Neben dem „sicheren Bindungsstil" wurden drei weitere
Bindungsstile identifiziert:

- die unsicher-vermeidende Bindung,
- die unsicher-ambivalente Bindung oder auch ängstliche
  Bindung,
- die desorganisierte Bindung

(vgl. Bowlby, J. 1958; Ainsworth et al. 1978; Main und
Solomon, J. 1986).

Im Folgenden finden Sie eine kurze Erläuterung der
Bindungsstile:

Bei der **unsicher-vermeidenden Bindung** ist die
primäre Bezugsperson eher abweisend, nicht (genügend)
verfügbar, physisch oder psychisch krank oder ander-
weitig unfähig, die Bedürfnisse des Kindes (ausreichend)
zu erfüllen. Dies zeigt sich besonders dann, wenn der
Wunsch des Kindes nach enger körperlicher Nähe von der
Bezugsperson zurückgewiesen wird. Die Zurückweisung
führt zu einer Aktivierung des Bindungsverhaltens bei
dem Kind. Die unglücklichen Erfahrungen jedoch, die
es im Zusammenhang mit dem fehlenden engen Körper-
kontakt macht, bilden die Grundlage für einen Konflikt,
den das Kind, durch vermeindendes Verhalten zu
bewältigen versucht.

Auf der einen Seite ist da der Wunsch nach Nähe, auf
der anderen Seite die Sorge vor Abweisung. Das Ver-
meidungsverhalten schützt das Kind vor der Ablehnung,
die es erwartet, wenn es den engen Kontakt zu seiner
Mutter sucht. Auf diese Weise wird sein Angstniveau etwas

gesenkt. Es bleibt jedoch das Bedürfnis nach Nähe und die Vermeidung von Nähe, um nicht verletzt zu werden.

Bei der **unsicher-ambivalenten Bindung** ist die Bindungsperson nicht abweisend in Bezug auf körperliche Nähe, reagiert aber weniger oder nicht ausreichend auf Weinen und Signale des Kindes sowie auf dessen Kommunikationswünsche. Das Vertrauen, dass die Bezugsperson ansprechbar ist und auf Bedürfnisse eingeht, ist dadurch also eingeschränkt. Somit wird die Beziehung nicht als sichere Basis erlebt, von der aus neue Situationen erkundet werden können. Das Kind, das im Verhältnis zur Bezugsperson chronisch ängstlich ist, neigt dazu, in Trennungssituationen mit sofortigem und intensivem Kummer zu reagieren.

Reagiert die Bezugsperson fast nie auf Signale, kann dies bei dem Kind zu dem Eindruck führen, dass es selbst nicht wirksam kontrollieren kann, was mit ihm/ihr geschieht. Eine Folge hiervon kann passives oder auch aggressiv-passives Verhalten sein.

Bei der **desorganisierten Bindung** spricht man von einer Bindungsstörung, die durch ein Trauma oder eine elementare Notlage der Eltern bzw. der Bezugsperson entsteht. Diese kann auf die Bedürfnisse des Kindes nicht genügend eingehen und wird als Auslöser für Gefühle von Angst und Unsicherheit erlebt. Das Kind steht vor einem paradoxen Problem. Die Bezugsperson ist gleichzeitig Ursache und Lösung für seine Angst. Deshalb kann das Kind der Bezugsperson weder wirklich nahe kommen noch sich von ihr/ihm lösen. Das Kind zeigt ängstliches, unsicheres, oft auch übervorsichtiges Verhalten. Diese Kinder bauen in der Regel wenig soziale Kontakte auf und können apathisch wirken. Da sie keine Strategien gelernt haben, mit negativen Emotionen umzugehen, können sie diese kaum oder nicht regulieren.

Welche Bindungsform wir als Kind lernen, hängt also maßgeblich von der Eltern/Versorger-Kind-Beziehung ab. Dies ist eine erste Erfahrung, die durch die spätere Entwicklung und die Erfahrungen, die wir im Laufe unseres Lebens machen, verändert werden kann. Alles, was wir im Laufe der Zeit lernen, hat einen Einfluss auf unser Denken, Fühlen und Handeln in der Partnerschaft und auch darauf, wie wir unsere/n PartnerIn erleben.

> Das, was wir über Bindung gelernt haben, ist also nicht in Stein gemeißelt. Unser ganzes Leben können wir neue Erfahrungen machen, lernen, uns entwickeln und verändern. Je bewusster wir uns selbst wahrnehmen können, desto mehr Möglichkeiten haben wir.

Literatur

Ainsworth MD, Blehar MC, Waters E, Wall S (1978). Patterns of Attachment: A psychological study of the strange situation. Hillsdale, NJ: Earlbaum (S. 17–23 und 310–322)

Bowlby, J. (1958). The Nature of the Child's Tie to his Mother, The International Journal of Psychoanalysis, 39, (S. 350–373)

Main, M. & Solomon, (1986). J., Discovery of a New, Insecure-disorganized/disoriented Attachment Pattern. In M. Yogman & T. B. Brazelton (Eds.), Affective development in infancy, Norwood, NJ: Ablex., 1986, (S. 95–124, 161–164)

18

Bindungsstile im Erwachsenenalter

Übersicht

Bindungsstile bei Erwachsenen sind

- die sichere Bindung,
- die ängstlich-besorgte Bindung,
- die vermeidende Bindung

(vgl. Cindy Hazan und Philip Shaver 1987; Amir Levine und Rachel S.F. Heller 2012).

In der Regel zeigen Menschen, die eine **sichere Bindung** erfahren haben, in ihren späteren Beziehungen folgende Verhaltensweisen:

- Sie können ihrem/r PartnerIn vertrauen;
- Sie haben ein stabiles Selbstwertgefühl und respektieren andere;

© Der/die Autor(en), exklusiv lizenziert an Springer-Verlag GmbH, DE, ein Teil von Springer Nature 2023
D. Meister, *Rettungsring Paartherapie?!*,
https://doi.org/10.1007/978-3-662-67279-2_18

- Sie achten sowohl auf ihre eigenen Bedürfnisse als auch auf die des/der PartnerIn;
- Sie fühlen sich wohl dabei, ihre Gefühle mit ihrem/r PartnerIn zu teilen;
- Sie erfahren sich in ihren Stärken, können aber auch ihre Schwächen tolerieren;
- Sie können Kritik annehmen und Nähe in der Partnerschaft zulassen;
- Sie können ihre Bedürfnisse äußern und „funktionieren" auch außerhalb der Partnerschaft selbstständig;
- Sie können Konflikte an sich heranlassen und mit ihnen umgehen, z. B. indem sie verhandeln, um Kompromisse zu finden, wenn der/die PartnerIn andere Vorstellungen hat.

> Für Menschen mit einer sicheren Bindung ist es also meist einfacher, sich in eine Beziehung einzubringen und die Herausforderungen, die eine Beziehung mit sich bringt, zu meistern. Sie haben meist ein positives Bild von sich selbst und anderen.

Bei der **ängstlich-besorgten Bindung** ist das Selbstbild eher negativ geprägt, während das Fremdbild eher positiv ist. Dieser Bindungsstil zeigt folgende typische Verhaltensweisen:

- übermäßig darauf bedacht sein, anderen zu gefallen;
- das Gefühl haben, nicht liebenswert zu sein oder keine Liebe zu verdienen;
- sich ängstlich oder unsicher fühlen, wenn der/die PartnerIn abwesend ist;
- zu viel geben und dann eventuell nachtragend sein, wenn dies nicht erwidert oder gewürdigt wird;

- eine lähmende Angst spüren, den/die PartnerIn und die Verbindung zu verlieren;
- unbewusst den/die PartnerIn mit unrealistischen Forderungen oder Erwartungen erdrücken;
- der Wunsch nach Kontrolle und ein großer Wunsch nach Nähe;
- die Sorge darum, ob der/die PartnerIn einen genug liebt;
- bei dem Gefühl der Zurückweisung wird schnell verletzt und auch überzogen reagiert;
- vermehrt wird der/die PartnerIn kontaktiert mit der Erwartung, dass auch der/die PartnerIn ständig Rückmeldung gibt.

Menschen mit einer ängstlich-besorgten Bindung finden es schwierig, mit Distanz in einer Beziehung umzugehen. Ihr Bindungssystem ist hyperaktiviert. Meist haben sie ein Gefühl der Ängstlichkeit, das sie durch den Kontakt zu dem/r PartnerIn zu regulieren versuchen. Daher ist Nähe sehr wichtig für sie, was zu einer übermäßigen Abhängigkeit führen kann. Sie geben sich womöglich selbst die Schuld, wenn ihr/e PartnerIn ihnen nicht die Nähe entgegenbringt, die sie sich wünschen und können sehr emotional reagieren.

Bei Menschen mit einer **vermeidenden** Bindung ist das Selbstbild eher positiv, ihr Selbstwertgefühl jedoch ist nicht stark ausgeprägt. Sie sehnen sich nach Nähe, doch da sie Sorge haben, zurückgewiesen und/oder verletzt zu werden, finden sie es schwierig, sich auf eine Beziehung einzulassen. Sie möchten die Beziehung, stoßen aber gleichzeitig die Person, der sie nahe sein wollen, weg. Sie neigen dazu, ihrem/r PartnerIn die Schuld zu geben, aber in der Regel sind sie es, die es schwierig finden, sich einzulassen. Ihrer Erfahrung nach enthält eine Beziehung beides: Wenn es Liebe gibt, muss es auch Enttäuschung geben, was es ihnen schwer macht, Nähe zuzulassen.

Typische Verhaltensweisen hierfür sind:

- zögerliches, ausweichendes, relativierendes Verhalten gegenüber dem/r PartnerIn;
- eventuelles Sabotieren der Beziehung, um Intimität zu vermeiden;
- Senden von zweideutigen Signalen;
- den/die PartnerIn auf einem gewissen Abstand halten;
- direkte Aussagen wie „Ich liebe dich" werden vermieden;
- Idealisieren von früheren Beziehungen gegenüber dem/r jetzigen PartnerIn;
- Persönliches wird eher für sich behalten;
- oft wird körperliche Nähe vermieden;
- bei Auseinandersetzungen und Konflikten wird der Rückzug angetreten oder man reagiert mit „kalter Wut";
- strenge, manchmal unrealistische Grenzen;
- bei aufkommender Intimität wird ein Verlust der Unabhängigkeit befürchtet;
- Schwierigkeiten, Bedürfnisse auszudrücken, oder das Gefühl haben, dass es besser ist, sich selbst Bedürfnisse zu erfüllen;
- das Vermeiden von emotionaler Nähe, obwohl man sich Gesellschaft wünscht, denn die Angst, verletzt zu werden, herrscht vor.

Es gibt auch Menschen, die wenig Interesse an einer Beziehung haben. Sie wünschen sich ein hohes Maß an Unabhängigkeit und leugnen oft, dass sie Beziehungen brauchen. Sie neigen dazu, ihre Gefühle zu unterdrücken, und der Wunsch nach Intimität ist eher unbewusst vorhanden. Auf Ablehnung reagieren sie mit Distanz. Ist die vermeidende Bindung im Vordergrund, werden in der Paarbeziehung Nähegefühle immer wieder deaktiviert, denn so kann das Gefühl der Unsicherheit, das in einer Beziehung entsteht, und die unbewusste Angst vor Zurückweisung reduziert werden.

Diese Zusammenfassung ist eine grobe Einteilung, die nicht alle möglichen Mischformen berücksichtigt, die es auch gibt.

Sonja und Fritz

Fritz hat einige Züge des vermeidenden Bindungsstils. Er kann recht starre Grenzen errichten und ist dann nicht sehr flexibel. Manchmal wiederholt er seine Argumente immer wieder, ohne auf Sonja einzugehen, sodass kein Gespräch entsteht. Ein anderes Mal schweigt er und sagt einfach nichts mehr. Damit hält er Sonja auf einem gewissen Abstand, wenn er sich durch ihren Kommunikationsstil „bedroht" fühlt. Im Laufe der Zeit kann er mehr und mehr Nähe zulassen und versteht, dass dies hilft, die Beziehung stabil zu halten. Auch findet er es nicht einfach, seine Bedürfnisse zu artikulieren, schafft es aber mehr und mehr, darüber zu sprechen. Und daraus ergibt sich immer öfter, dass er bekommt, was er braucht.

Sonja hat einige Züge des ängstlich-besorgten Beziehungsstils. Dies wird deutlich, wenn sie Fritz' Verhalten als Zurückweisung erlebt und dann schnell verletzt und auch überzogen reagiert; ebenso dadurch, dass es ihr so wichtig ist, Fritz' Zustimmung zu bekommen, und durch ihren Wunsch nach viel Nähe. In den gemeinsamen Gesprächen werden diese Situationen immer wieder aufgegriffen und besprochen. Am Anfang war Sonjas Frustration so groß, dass sie manche Zusammenhänge nicht sehen konnte; sie hätte sich dadurch überfordert gefühlt. Doch nach und nach versteht sie, dass man als Paar immer aufeinander reagiert, immer kommuniziert und dass das eine Chance sein kann.

Literatur

Amir Levine and Rachel S. F. Heller (2012). Attached: The New Science of Adult Attachment, Pan Macmillan, (S. 78–137)

Cindy Hazan and Philip Shaver (1987). Journal of Personality and Social Psychology, Vol.52, Nr.3, (S. 511–524)

Teil IV

Elemente von gelingenden Beziehungen und Paargesprächen

Dieser Teil gibt anhand von Beispielen eine Idee, welche Elemente zu den Paargesprächen dazugehören, wie sie sich evtl. ergeben und wie sie behandelt werden können.

19

Überblick: Elemente von gelingenden Beziehungen

Viele unserer Verhaltensweisen laufen unbewusst ab. So kann es für Paare schwer sein, zu verstehen, warum sie sich in ihrer Beziehung in bestimmten Situationen auf eine Art und Weise verhalten, wie sie es in anderen Bereichen ihres Lebens vielleicht nicht tun würden; z. B. in ihrem Berufsleben, wo sie womöglich durchaus in der Lage sind, mit schwierigen Situationen sehr gut umzugehen, während eine ähnliche Situation mit dem/der PartnerIn zu Auseinandersetzungen oder Enttäuschungen führt.

Im Laufe der gemeinsamen Gespräche zeigen sich die Verhaltensweisen, die ein entspanntes und zufriedenes Miteinander behindern. Nicht immer ist es einfach, zu sehen und zu akzeptieren, dass es nicht nur der/die PartnerIn ist, der/die sich entwickeln und verändern könnte. Tatsächlich kann man dies selbst auch tun, denn jeder trägt zu der Dynamik bei. Dies ist unvermeidlich, solange man Teil der Beziehung ist. Teil zu sein bedeutet, Teil der Dynamik zu sein und diese mitzugestalten.

© Der/die Autor(en), exklusiv lizenziert an Springer-Verlag GmbH, DE, ein Teil von Springer Nature 2023
D. Meister, *Rettungsring Paartherapie?!*,
https://doi.org/10.1007/978-3-662-67279-2_19

Auch wenn man sich zurückzieht, handelt man, auch wenn es nicht so aussieht. Genauso wie wir nicht nicht kommunizieren können, können wir **nicht nicht** handeln, während wir in einer Beziehung sind.

Das könnte die Frage aufwerfen, was ist, wenn ein/e PartnerIn sich auf eine missbräuchliche Art und Weise verhält. Bedeutet das nicht, dass er/sie dann allein verantwortlich ist? Natürlich ist er/sie dann für missbräuchliche Handlungen verantwortlich, aber wenn der/die andere PartnerIn trotzdem in dieser Beziehung bleibt, trägt er/sie dazu bei, dass dies weiterhin geschehen kann. Das Verlassen einer solchen Beziehung wäre der Weg, um aus der Dynamik herauszukommen und nicht mehr Teil von ihr zu sein. Wie schwierig es sein kann, einen Weg aus einer missbräuchlichen Beziehung zu finden, zeigt sich immer wieder. Und es kann immens wichtig sein, dass jemand, der betroffen ist, Hilfe und Unterstützung sucht.

In den Gesprächen werden alltägliche Situationen aufgegriffen, sodass beide PartnerInnen ein Gefühl dafür bekommen können, wie sich eine Dynamik entwickelt und dann auch verselbstständigen kann.

Wenn ich meine/n PartnerIn z. B. immer wieder anrufe, auch wenn ich weiß, dass er/sie sehr beschäftigt ist, muss ich damit rechnen, dass er/sie ab einem gewissen Punkt „genervt" darauf reagiert. In diesem Fall wird die Basis für eine wenig hilfreiche Dynamik gelegt.

Ist der/die PartnerIn in der Lage, verständnisvoll fragend auf einen übermäßigen Kontaktwunsch zu reagieren, besteht die Chance, darüber zu sprechen und gemeinsam nach einer Lösung zu suchen. Ist die Reaktion verärgert bis aggressiv, entwickelt sich womöglich ein Austausch von gegenseitigen Vorwürfen, der am Ende beide frustriert zurücklässt. Wie schon besprochen, sind Vorwürfe meist ein Versuch, sich selbst zu schützen. Ein Versuch, der nicht hilfreich ist, sondern in der Regel zu größeren Verletzungen führt.

Es könnte also in unserem Beispiel darum gehen, zu verstehen, dass mit der Frequenz der Kommunikation (den/die andere/n PartnerIn dauernd anzurufen) nichts erreicht wird, dass es aber einen Grund gibt, warum man so handelt. Dies kann in den gemeinsamen Gesprächen erarbeitet und verstanden werden, sodass auch ein anderes Handeln möglich wird.

Weiß man, warum der/die PartnerIn auf eine bestimmte Art und Weise reagiert und kann dies nachvollziehen, kann man sich auch wieder annähern. Auch kann man darüber nachdenken, wie man etwas ändern kann, denn nun wissen beide, was für den/die PartnerIn schwierig ist und warum.

Manches Mal entdeckt eine/r oder es entdecken beide, dass sie in bestimmten Verhaltensweisen feststecken, die für die Beziehung nicht förderlich sind. Dann beginnt ein Lernprozess, der nicht immer einfach ist und etwas Zeit braucht.

Die Paartherapie kann hier einen Beitrag leisten, der für ein Paar allein oft schwierig ist. Kontinuität und Unterstützung sind bei der Entwicklung neuer Verhaltensweisen wichtig. Die meist wöchentlichen Sitzungen geben einen Rahmen, der es leichter macht, neue Schritte konsequent umzusetzen. Eventuelle Schwierigkeiten oder Hindernisse können besprochen und gelöst werden. Dies ist nicht nur für die Beziehung förderlich, sondern auch für die persönliche Entwicklung des Einzelnen. Meiner Erfahrung nach führt die Kontinuität der Paargespräche dazu, dass Paare nicht aufgeben, auch wenn es mal schwieriger wird. Es ist einfacher, sein Bestes zu geben, wenn man weiß, dass das im nächsten Gespräch konnotiert wird.

Die gemeinsamen Gespräche können auf eine mal liebevolle, mal humorvolle Art Verhalten spiegeln und deutlich machen, welchen Einfluss ein bestimmtes Verhalten auf die Partnerschaft hat. Da es immer um die Dynamik zwischen zwei Menschen geht, ist es relativ einfach, Bewertungen außen vor zu lassen. Es geht nicht um eine „Fehlersuche" oder um „richtig" oder „falsch", sondern um Einsichten; und um das Aufzeigen von Möglichkeiten, sodass zwei Menschen neue Perspektiven entwickeln können. Im Laufe dieses Prozesses bekommen Paare mehr Verständnis und Kontrolle über ihr Verhalten und können bewusstere Entscheidungen treffen.

Sonja und Fritz

Sonja lernt, ihre negativen Interpretationen von Fritz' Verhalten wahrzunehmen und versteht, wie sehr dies die Beziehung herausfordern kann.

Sie lernt, dass es die Möglichkeit gibt, ihre Gedanken zu überprüfen, indem sie Fritz fragt. Sie lernt auch, dass sie manches Mal so überzeugt davon ist, zu wissen, was Fritz meint, dass sie Mühe hat, ihm zu glauben, wenn er etwas anderes sagt. Sie versteht nach und nach Fritz' Frustration und Rückzug, wenn er das Gefühl hat, dass sie ihm nicht glaubt. Und sie sieht ihre Reaktion auf Fritz' Rückzug, nämlich, dass sie sich zurückgewiesen, abgelehnt fühlt, was wiederum ihr nicht sehr stabiles Selbstbewusstsein aus der Balance bringt. Das Dilemma, das hieraus entsteht, wird für beide sichtbarer.

Auch Fritz versteht, dass Sonja gefangen ist in ihren Emotionen und Reaktionen und es kein „böser" Wille ist, wenn sie ihm nicht glaubt. Er versteht, dass sein Rückzug einen großen Einfluss auf Sonjas Wohlbefinden hat und dass er mehr Möglichkeiten hat, die Dynamik zwischen ihm und Sonja positiv zu beeinflussen, als er für möglich gehalten hat.

Er versteht, dass es sich positiv auf ihre Beziehung auswirkt, wenn er mehr Nähe zulassen kann, und dass Sonja dann entspannter ist, weniger oft gestresst und es weniger emotionale Ausbrüche gibt.

Beide haben nun die Chance, anders mit der Situation umzugehen. Er hat die Möglichkeit, sie daran zu erinnern, dass sie die Neigung hat, Dinge zu negativ aufzufassen; damit fühlt er sich weniger hilflos und frustriert. Er versteht auch, dass die reine Logik von Argumenten manches Mal dazu führt, dass Sonja sich hilflos fühlt, weil sie das Gefühl hat, mit ihrer Sicht der Dinge nicht zu ihm durchzudringen.

20

Normalisieren

Wie Normalisieren helfen kann, realistische Erwartungen an uns und andere zu haben und uns selbst und unsere/n PartnerIn zu akzeptieren.

Viele Paare können die Schwierigkeiten in ihrer Partnerschaft nicht zufriedenstellend lösen. Das ist im Grunde genommen genauso normal wie Probleme, denen Menschen in ihrem Berufsleben begegnen; doch dies scheint für viele akzeptabler zu sein. Unsere Ehe oder Beziehung sollte funktionieren, glücklich sein; und wir finden es oftmals schwierig, uns einzugestehen, wenn wir in einer Sackgasse gelandet sind.

In den Paargesprächen werden unterschiedliche Erwartungen und Vorstellungen besprochen. Es gehört z. B. zum Leben dazu, dass man mit Herausforderungen konfrontiert wird und nicht immer weiß, wie man damit umgehen soll. Es ist normal, dass man Unterstützung

© Der/die Autor(en), exklusiv lizenziert an Springer-Verlag
GmbH, DE, ein Teil von Springer Nature 2023
D. Meister, *Rettungsring Paartherapie?!*,
https://doi.org/10.1007/978-3-662-67279-2_20

braucht und es ist gut, sich diese zu suchen, wenn man alleine nicht weiterkommt.

Sonja und Fritz

Sonja und Fritz haben herausgefunden, dass sie blinde Flecke haben. Sie schätzen ihr eigenes Verhalten oder bestimmte Verhaltensweisen nicht immer realistisch ein. Den Einfluss ihrer Handlungen auf den/die PartnerIn nehmen sie nicht immer wahr und/oder unterschätzen diesen.

Genauso geht es vielen Paaren. Manches Mal geht dem ein Prozess der Verleugnung voraus, denn nicht immer will man mit den eigenen Limitierungen konfrontiert werden.

Tatsächlich ist nicht immer einfach, die Balance zwischen dem Erkennen von Verbesserungsmöglichkeiten und der Umsetzung im täglichen Leben hinzubekommen. Oft hat sich ein bestimmtes Verhalten über Jahre etabliert und verfestigt. Es erfordert Motivation und eine gewisse Disziplin, dies zu verändern. Es ist „normal", dass dies ein Prozess ist, der nicht immer sofort gelingt; und trotzdem ist es wichtig, dranzubleiben.

Normalisieren hilft, realistische Erwartungen an sich und den/die PartnerIn zu entwickeln. So gehört es zum Leben dazu, dass man mal Fehlentscheidungen trifft oder ein Verhalten leugnet oder etwas vermeidet, weil man sich schämt. Auch das Streben nach Perfektionismus kann Menschen daran hindern, eine Veränderung, die sie an sich als richtig empfinden, umzusetzen und durchzuhalten. Manches Mal scheint es einfacher, etwas zu vermeiden und es gar nicht erst anzufangen.

All dies sind normale Situationen, mit denen sich die meisten Paare identifizieren können. Diese Perspektive ermöglicht es ihnen Neues auszuprobieren, sich gegenseitig mehr Raum zu geben und sich ein wenig freier zu fühlen.

Wir alle haben unsere Begabungen, aber eben auch unsere Schwachpunkte und/oder Herausforderungen. Auch ich als Therapeutin lerne ständig dazu. Die Vorstellung, dass unser Leben ein nicht endender Prozess der Entwicklung ist, nimmt Menschen oft das Gefühl des Versagens und des „Nicht-gut-genug-Seins".

Wenn wir uns selbst als „gut genug" wahrnehmen und gleichzeitig auch sehen können, dass wir uns entwickeln und dazulernen können, gibt uns das die Möglichkeit, uns selbst mehr zu akzeptieren. Sehen und akzeptieren wir unsere eigenen Unzulänglichkeiten, wird es auch leichter, die Unzulänglichkeiten unseres/r PartnerIn zu akzeptieren.

Als Therapeutin möchte ich meinen Klienten eine Mischung aus Empathie, Realitätssinn, Hoffnung und auch einen Glauben an die eigenen Möglichkeiten vermitteln.

21

Lachen und Weinen und erarbeitete Einsichten

Alles gehört zu Paargesprächen dazu.

Nach einer Weile, wenn eine Atmosphäre des Vertrauens gewachsen ist, wenn die ersten Fortschritte gemacht worden sind, wenn sich alles ein wenig leichter anfühlt, können wir Späße miteinander machen, lachen und alles ein wenig leichter nehmen. Auch das ist wichtig: Leichtigkeit erleben, loslassen können, vertrauen können. Manches Mal ist es ein Schmunzeln oder ein Lächeln, weil eine/r in eine alte Verhaltensweise zurückgefallen ist. Da ist das Verständnis, dass manche Dinge Zeit brauchen und es okay ist, wenn man kleine Schritte macht.

Genauso gibt es Momente der Einsicht, die ein Paar herausfordern, oder Momente, in denen sich nichts zu bewegen scheint; ein Gefühl oder eine Einsicht muss erst verarbeitet werden. Es gibt Momente, wenn einer oder

© Der/die Autor(en), exklusiv lizenziert an Springer-Verlag GmbH, DE, ein Teil von Springer Nature 2023
D. Meister, *Rettungsring Paartherapie?!*,
https://doi.org/10.1007/978-3-662-67279-2_21

beide weinen, weil ein Schmerz gefühlt wird und nicht weggeschoben wird. Das können Tränen der Erleichterung sein, aber auch Tränen, die den Schmerz ausdrücken, dem man hat ausweichen wollen.

Je mehr ein Paar in der Lage ist, sich auf den Prozess einzulassen, der Emotionen zulässt und diesen einen Platz gibt, desto mehr fühlen sich beide sowohl mit sich selbst als auch mit ihrem/r PartnerIn verbunden.

Verbundenheit ist das, was die meisten Paare aufbauen wollen. Eine Verbindung, die es ihnen ermöglicht, sich sicher und geliebt zu fühlen; die Differenzen und Konflikte zulässt, die sich manchmal unangenehm und schwierig anfühlen mögen, aber zu bewältigen sind.

Die Dynamik der Beziehung kann sich also verändern. Dies passiert meist in kleinen Schritten, die wiederholt werden, bis sich tatsächlich etwas im täglichen Miteinander verändert.

Sonja und Fritz

Sonja und Fritz haben verstanden, dass die Dynamik ihrer Beziehung sich hauptsächlich aus folgenden Elementen zusammensetzt:

Sie konnte ihre Frustrationen nur als Vorwurf äußern und oft war es eine Kaskade von Vorwürfen. Ihre Grundausrichtung war immer, vom „Schlimmsten" auszugehen; und selbst wenn es eine Verbesserung gibt, stellt sie die Frage nach dem „Schlimmsten".

Fritz reagierte auf ihre Vorwürfe mit Rückzug. Die Form des Rückzuges ist unterschiedlich. Sie reicht von Kontaktabbruch, nicht mehr mit Sonja reden, bis hin zur Vermeidung körperlicher Nähe. Er fühlte sich durch ihre emotionalen Ausbrüche völlig überfordert; sie haben ihm Kraft genommen und haben ihm ein Gefühl der Hilflosigkeit gegeben.

Wenn Sonja seinen Rückzug spürt, empfindet sie das als Zurückweisung, oft fühlt sie sich kritisiert; auch weil sie wenig eigene gefestigte Überzeugungen hat. In Bereichen, in denen sie sich unsicher fühlt, schaut sie zu Fritz. Sie möchte einen Gedankenanstoß bekommen und Zustimmung erhalten, um sich akzeptiert und wieder umsorgt fühlen zu können.

Fritz hingegen, der viel unabhängiger ist, äußert oft Fakten und Meinungen, ohne zu erwarten, dass sie zustimmt. Er versteht aber nicht, dass Sonjas Bedürfnis nach Verbundenheit so wichtig für sie ist, dass sie nicht die gleiche Unabhängigkeit empfinden kann.

Fritz kann Sonja schnell verunsichern. Das wiederum gibt ihr das Gefühl, ein Kind zu sein; und sie nimmt diese Rolle auch bis zu einem gewissen Grad an. Damit gibt sie Fritz eine Vaterrolle. Ihre Haltung schwankt dann zwischen „unterwürfig" und „wütend".

Aus der Erfahrung mit ihrem eigenen Vater, die sie verletzt und enttäuscht zurückgelassen hat, fühlt sie schnell dieselbe Verletzung und Enttäuschung. Manches Mal probiert sie, es Fritz recht zu machen, dann wieder rebelliert sie gegen ihn.

Fritz versucht, die Dinge logisch anzugehen. Er wehrt sich gegen ihre Ausbrüche mit dem Hinweis, dass er nicht ihr emotionaler Mülleimer sein kann, dass sie ihre Probleme selber lösen muss; worauf Sonja sich wieder alleine gelassen und abgewiesen fühlt.

Welche Herausforderungen gab es auf Fritz' Seite?

Er war als Ältester in einer Familie mit mehreren Geschwistern groß geworden und hatte verschiedene Erfahrungen von dort mitgenommen. Als Ältester wurde von ihm erwartet, dass er sich um die jüngeren Geschwister kümmert.

Er scheint in mancher Hinsicht nicht viel Empathie erfahren zu haben, was ebenfalls sein Verhalten geprägt hat. Er erwartet von anderen nicht viel Empathie und kann anderen gegenüber nicht in allen Situationen empathisch sein.

Logisches Denken ist sein wichtigster Begleiter. Es ist ein Maßstab für ihn, der ihm Orientierung gibt, mit dem er sich sicher fühlt, und es scheint, dies lässt sich auf alle Lebensbereiche anwenden. Bei Sonja allerdings kommt er an seine Grenzen.

Je emotionaler Sonja ist, desto mehr antwortet Fritz mit logischen Argumenten. Sonja kann nicht ausdrücken, was sie bewegt und was sie eigentlich von ihm möchte. Fritz fühlt sich hilflos angesichts ihrer Emotionen, kann aber seine Hilflosigkeit nicht kommunizieren.

Beide haben sich in ihren „Schwachpunkten" heraus-gefordert. Sie haben dies auch in gewisser Weise gespürt, wussten aber nicht richtig, etwas damit anzufangen. Sie haben die Zusammenhänge nicht verstanden und sich überfordert gefühlt. In erster Linie haben sie beide die Kommunikation als einen Angriff erlebt und gingen in die Verteidigung. Damit haben sie sich die Möglichkeit genommen, sich verletzbar zu zeigen.

22

Sich verletzbar zeigen

Eine der wichtigsten Eigenschaften in der Paarbeziehung ist, sich verletzbar zu zeigen. Warum ist das so?

Wie würde es aussehen und was würde passieren, wenn beide PartnerInnen sich von ihrer verletzbaren Seite zeigen würden?

Wenn wir uns verletzbar zeigen, sagen wir z. B. „Was Du gerade gesagt hast, tut mir weh. Ich fühle mich zurückgewiesen und allein gelassen. Das macht mich traurig." Das eröffnet die Möglichkeit, anders zu reagieren, z. B. kann der/die PartnerIn sagen: „Das habe ich nicht so gemeint. Warum fühlst Du Dich denn jetzt zurückgewiesen?"

Und ein Gespräch kann beginnen, in dem man sich gegenseitig erklärt und mögliche Missverständnisse aufklärt. Gehen beide in die Vorwurfshaltung, passiert es schnell, dass PartnerInnen sich gegenseitig mit Vorwürfen

© Der/die Autor(en), exklusiv lizenziert an Springer-Verlag GmbH, DE, ein Teil von Springer Nature 2023
D. Meister, *Rettungsring Paartherapie?!*,
https://doi.org/10.1007/978-3-662-67279-2_22

überbieten, bis sie verletzt und enttäuscht auseinander-
gehen.

Was passiert, wenn wir uns verletzbar zeigen?

Je offener wir miteinander umgehen, desto mehr berühren
wir einander innerlich. Je mehr wir einander berühren
und in einem echten Kontakt miteinander sind, desto
erfüllender erleben wir unsere Beziehung. Dies ist eine
gute Voraussetzung, sich verletzlich zu zeigen, was
wiederum eine wichtige Grundlage für befriedigende
Beziehungen ist.

Dennoch gibt es viele Situationen, in denen wir uns
nicht gerne verletzlich zeigen. Wir versuchen, Momente
der Verletzlichkeit so gut es geht zu vermeiden. Wir vermeiden Situationen, in denen wir auf Ablehnung stoßen
könnten. Wir warten lieber ab, ob nicht der andere
zuerst z. B. „Ich liebe dich" sagt. Wir zeigen lieber keine
Schwäche und bitten nicht um Hilfe. Denn keiner von
uns möchte enttäuscht werden oder sich abgelehnt fühlen.
Wir fühlen uns sicherer, wenn wir den möglichen Schmerz
der Enttäuschung vermeiden. Das Gefühl von Sicherheit
spielt also eine große Rolle dabei, ob wir uns verletzlich
zeigen können.

Menschen, die von ihrem Wert als Person überzeugt
sind, die diese innere Überzeugung wirklich fühlen, haben
es etwas einfacher, sich verletzlich zu zeigen. Wenn wir
glauben, dass wir es wert sind, geliebt zu werden, obwohl
wir nicht perfekt sind, haben wir eine andere Start-
position. Es gelingt uns eher, Verletzlichkeit als Bestandteil des Lebens zu akzeptieren, und wir können oft besser
damit umgehen. Wir können, ohne uns schlecht zu
fühlen, z. B. sagen: „Ja, kochen kann ich nicht so gut."
Wir brauchen uns nicht zu verteidigen, weil wir uns sicher
genug in uns selbst fühlen.

Um uns verletzlich zeigen zu können, hilft es also, ein gutes Selbstwertgefühl zu haben. Und unser Selbstwertgefühl wird wiederum gestärkt, wenn wir das Risiko, verletzt zu werden, eingehen können. Dies kann ein sich selbst verstärkender, positiver Kreislauf sein.

Das Gefühl der Scham kann uns daran hindern, uns verletzlich zu zeigen. Scham, die wir fühlen, wenn wir glauben, in den Augen anderer nicht gut genug zu sein.

Scham ist gekoppelt an die Vorstellung, dass andere uns als lächerlich, dumm oder unzureichend wahrnehmen und beurteilen könnten. Und tatsächlich kann es sein, dass uns jemand etwas sagt, das uns Scham fühlen lässt. Es kann jedoch sein, dass es NUR der Gedanke oder die Befürchtung in unserem Kopf ist, die uns fürchten lässt, dass uns jemand als unzureichend beurteilen könnte. Falls es unser Gedanke ist und nicht eine reale Situation, ist es wichtig, dies zu verstehen, denn nur dann haben wir die Möglichkeit, damit umzugehen (Abb. 22.1).

Wenn wir uns verletzlich zeigen, befürchten wir oft genau das: nicht gut genug zu sein und auch so von anderen beurteilt zu werden. Scham wirft uns auf uns selbst zurück. Wenn wir jedoch den Mut haben, offen zu sein, indem wir uns zu unserer Scham bekennen, können wir sie überwinden.

Warum ist es wichtig, dass wir uns verletzbar zeigen, selbst wenn unser/e PartnerIn unsere Angst bestätigt?

Stellen wir uns vor, Sonja hat die Sorge, dass Fritz sie nicht mehr begehrenswert findet, und sagt ihm genau das: „Ich habe Sorge, dass du mich nicht mehr begehrenswert findest." Wie viel Überwindung kostet es sie, dies zu fragen? Wie beängstigend ist es? Vielleicht fühlt Sonja sich „nackt", vielleicht sogar ängstlich. Etwas wird sich jedoch für sie und in ihr mit diesem Schritt verändern.

Abb. 22.1 So ist es wohl jedem schon mal gegangen. (© Dagmar
Meister 2022. All Rights Reserved)

Selbst wenn das Schlimmste eintreten sollte und Fritz
ihre Sorge bestätigen würde, hätte Sonja den Teil der
Angst, der sie gefangen gehalten hätte, überwunden, nämlich die Scham.

Es ist sicherlich nicht einfach und braucht Mut, sich
verletzbar zu zeigen. Wenn wir zu uns und zu unseren
Gedanken und Gefühlen stehen, können wir wachsen, uns
entwickeln.

Vielleicht wird Fritz' Antwort Sonja beruhigen, weil er
sie nach wie vor attraktiv findet. Falls sich jedoch Sonjas
Befürchtung bestätigen sollte, wäre das eine Realität, die
sich früher oder später sowieso zeigen würde.

Wenn wir in unserer Beziehung an den Punkt kommen können, uns verletzbar zu zeigen, haben wir viel erreicht; nicht nur für die Beziehung, vor allem für uns. Es ist wichtig, die Vorarbeit zu leisten, die es uns ermöglicht, Schritte zu machen, die uns herausfordern.

Wie anfangs erwähnt, hoffen wir manches Mal, dass unser/e PartnerIn sich verletzlich zeigt. Es ist wichtig, zu verstehen, dass wir dies nicht verlangen, sondern nur einladen können. Wir können uns Optionen überlegen, die es für unsere/n PartnerIn leichter machen könnten, sich verletzlich zu zeigen. Diese Überlegungen und die daraus resultierenden Handlungen sind auch Teil der Dynamik, die beide gemeinsam schaffen. Beide haben mehr Möglichkeiten und auch mehr Verantwortung, eine sichere Atmosphäre zu schaffen, in der Verletzlichkeit gezeigt werden kann, als sie vielleicht denken.

23

Wie gut kennen wir unsere/n PartnerIn?

Die Diskrepanz zwischen dem, was wir glauben, dem, was wir denken, und wie es tatsächlich ist.

Paare, die sich viele Jahre kennen, können oft die Eigen-schaften, die sie an ihrem/r PartnerIn stören, ohne Mühe aufzählen; natürlich auch, was sie an ihm/ihr schätzen. Und sie meinen, ihn/sie durch und durch zu kennen. In vieler Hinsicht ist das auch sicher richtig. Was dabei jedoch schnell übersehen wird, ist, dass sich im Laufe der Zeit oft eine Dynamik entwickelt hat, die ein bestimmtes Verhalten in Stand hält.

Beide verhalten sich und reagieren ähnlich oder gleich, sodass beide die immer gleichen oder ähnlichen Erfahrungen miteinander machen. Dabei wird übersehen, dass beide vielleicht andere Seiten von sich zeigen könnten und würden, wäre die Dynamik der Paarsituation eine

© Der/die Autor(en), exklusiv lizenziert an Springer-Verlag GmbH, DE, ein Teil von Springer Nature 2023
D. Meister, *Rettungsring Paartherapie?!*,
https://doi.org/10.1007/978-3-662-67279-2_23

andere; z. B., wenn der/die PartnerIn andere Fragen stellen oder sich anders verhalten würde.

Tatsächlich gibt es oft mehr an dem/der PartnerIn zu entdecken, als wir glauben. Das setzt voraus, dass wir die Offenheit und das Interesse daran haben, unsere/n PartnerIn auch von anderen Seiten kennenzulernen. Wenn wir uns sprichwörtlich auf die Reise machen würden, wären wir wahrscheinlich überrascht über die Vielfalt, die unser/e PartnerIn mitbringt. Stattdessen bleiben viele Paare in demselben Alltagstrott hängen und finden alles so vorhersehbar und/oder auch langweilig.

Haben wir uns an unsere/n PartnerIn gewöhnt, entsteht eben ein „Gewöhnungseffekt" und wir meinen zu wissen, was in ihm/ihr vor sich geht. Wir leben ein wenig mehr in unserem Kopf, anstatt unsere Beziehung zu er-leben. Dadurch kann sich eine bestimmte Dynamik entwickeln und verfestigen.

Wir „leben unsere Gedanken" über die Beziehung und die andere Person. Wir fangen an, zu denken, dass wir bereits wissen, wer die andere Person ist; und wir nehmen dies mehr oder weniger als selbstverständlich hin. Anstatt unserem/r PartnerIn wirklich zuzuhören, stellen wir unsere eigenen Vermutungen über ihn/sie an. Wir interpretieren, was er/sie zu uns sagt. Wir merken nicht, dass wir in vielen Situationen unsere Gedankenwelt zur Realität werden lassen, und nicht die wirkliche Beziehung.

> Eine Paarbeziehung kann also eine spannende Entdeckungsreise sein, wenn wir dafür offen sind. Wir können mit unserer/m PartnerIn mehr über uns lernen, als wir allein je könnten; genauso wie eine Partnerschaft uns die Möglichkeit gibt, uns zu entwickeln.

Eine Form, unsere/n PartnerIn neu zu entdecken, kann damit anfangen, dass wir andere Fragen stellen. Offene Fragen, wie: „Was würdest Du tun, wenn Du sechs Monate unbezahlten Urlaub hättest?" oder: „Gibt es Dinge, die Du immer schon mal tun wolltest, aber nie getan hast?"

24

Nähe und Distanz

> Nähe und Distanz sind zwei Bedürfnisse, die immer Teil einer Beziehung sind, und die Möglichkeiten, wie ein Paar damit umgehen kann.

In einer Beziehung haben wir sowohl das Bedürfnis nach Nähe als auch das Bedürfnis nach Distanz. Ohne Nähe ist keine Bindung möglich, ohne Distanz keine Selbstentfaltung.

Nähe und Distanz sind also zwei Komponenten, die in jeder Paarbeziehung eine Rolle spielen und die für manche Paare eine Herausforderung darstellen. Es ist nicht immer einfach, eine gute Balance zwischen Nähe und Distanz zu finden. Nicht nur, weil die Bedürfnisse zweier Menschen nicht immer deckungsgleich sind, sondern auch, weil es entscheidend ist, wie wir mit diesen konträren Bedürfnissen umgehen.

© Der/die Autor(en), exklusiv lizenziert an Springer-Verlag GmbH, DE, ein Teil von Springer Nature 2023
D. Meister, *Rettungsring Paartherapie?!*,
https://doi.org/10.1007/978-3-662-67279-2_24

- Fühle ich mich stark genug, meiner/m PartnerIn zu sagen, wenn ich mehr Nähe möchte oder Zeit (Distanz) für mich brauche?
- Kann ich es aushalten, wenn die Wünsche meines/r PartnerIn gerade nicht mit meinen übereinstimmen?
- Bin ich in der Lage, meine Bedürfnisse zu artikulieren, ohne Druck auf meine/n PartnerIn auszuüben?
- Kann ich die Bedürfnisse meines/r PartnerIn hören?
- Fühle ich mich abgelehnt oder zurückgewiesen, wenn mein/e PartnerIn meinen Wunsch nach Nähe nicht teilt?

Ein bewusster Umgang hiermit kann helfen, die Beziehung lebendiger zu gestalten. Öfters als man denkt, reagieren zwei Menschen aufeinander, anstatt sich zu fragen, was sie eigentlich wollen. Erst wenn klar ist, was man will, kann man das auch ausdrücken, ansprechen, fragen, vorschlagen…

Die Balance von Nähe und Distanz in der Beziehung ist auch an den Bindungsstil gekoppelt, den Paare gelernt haben. Generell kann man sagen: Menschen mit einem ängstlichen Bindungsstil spüren in der Regel schneller die Angst, den/die PartnerIn zu verlieren, und suchen mehr Nähe, während Menschen mit Bindungsangst sich schneller eingeengt fühlen und die Distanz suchen.

Jedes Paar wird, bewusst oder unbewusst, die Balance zwischen Nähe und Distanz ausloten. Je bewusster man dies tut, je mehr Möglichkeiten haben beide, dies offen anzusprechen und nach einer Form zu suchen, die möglichst beiden entgegenkommt.

Eine nicht unübliche, meist unbewusste Form, Distanz herzustellen, ist, einen kleinen oder großen Streit vom Zaun zu brechen. Ist man erstmal auseinandergerückt, kann man nach einer Pause wieder entspannt aufeinander zugehen. Solange beide PartnerInnen sich damit wohl fühlen, ist da generell auch nichts gegen einzuwenden.

Ist jedoch ein/e PartnerIn nicht glücklich damit, sollte man überlegen, ob es nicht bessere Varianten gibt, wie die direkte Kommunikation dessen, was man sich wünscht.

Haben Paare weder in ihren Ursprungsfamilien noch später gelernt, ihre Bedürfnisse und Gefühle wahrzunehmen und/oder auch über sie zu sprechen, kann ein/e PaartherapeutIn in Gesprächen zu dritt eine wunderbare Stütze sein.

25

Machtbalance

Die Verteilung von Macht innerhalb einer Beziehung ist ein Thema, das alle Paare betrifft.

In romantischen Beziehungen bezieht sich Macht auf die Fähigkeiten, die beide PartnerInnen haben, die Beziehungsdynamik zu beeinflussen und/oder zu verändern. Entsteht ein Ungleichgewicht, kann sich eine negative Dynamik entwickeln (siehe Kap. 7 „Die häufigsten negativen Dynamiken in der Paarbeziehung").

Jede Beziehung hat diesen Aspekt und wird davongetragen und/oder auch gestört. Können zwei Menschen ihre eigenen Vorstellungen und Bedürfnisse mitteilen und die des/der PartnerIn respektieren, wird die Machtbalance in Bewegung sein, aber nicht aus den Fugen geraten.

Kommt die Balance in Bewegung, weil ein/e PartnerIn das Gefühl hat, der/die andere ist zu stark oder zu dominant, wird er/sie in der Regel versuchen, dies aus-

© Der/die Autor(en), exklusiv lizenziert an Springer-Verlag GmbH, DE, ein Teil von Springer Nature 2023
D. Meister, *Rettungsring Paartherapie?!*,
https://doi.org/10.1007/978-3-662-67279-2_25

zugleichen. Das kann auf indirekte Art passieren, z. B. ein/e PartnerIn rollt mit den Augen, wenn der/die andere spricht, oder einer hält sich nicht an Abmachungen, die beide betreffen, oder kritisiert den/die PartnerIn unnötig oft (Abb. 25.1).

Mehr Möglichkeiten haben beide, wenn dies offen und direkt angesprochen wird; wenn man auf den/die PartnerIn zugeht und sagt, was man in der Beziehung gerne anders machen würde. Man spricht einen Sachverhalt an. Das ist oft nur möglich, wenn die Beziehung ansonsten als sicher erlebt wird und das Gefühl vorherrscht, von dem/der PartnerIn akzeptiert und respektiert zu werden. Vielleicht hat man sogar das Gefühl, dass es dem/der PartnerIn wichtig ist, zu wissen, was einen bewegt oder was einem womöglich Kummer bereitet.

Abb. 25.1 Ist eine Beziehung nicht auf Augenhöhe, gerät sie schnell aus der Balance. (© Dagmar Meister 2022. All Rights Reserved)

Übersicht

Viele Menschen lassen sich dazu verleiten, indirekt zu reagieren. Damit erhöht sich die Gefahr, dass auf ein als problematisch empfundenes Verhalten re-agiert wird. Anstatt auf die Metaebene zu gehen und

- darüber zu sprechen, was man empfindet,
- zu sagen, was einen stört,
- mitzuteilen, was man sich anders wünscht,

wird der Versuch gemacht, durch Manipulation, Vorwürfe, Überreden oder Ähnliches die Machtbalance auszugleichen. Das kann eine Kettenreaktion in Bewegung setzen, die die Verbindung zwischen zwei Menschen schwächer werden lässt.

Ich möchte in dem Zusammenhang von Johanna und Frank berichten. Sie streiten oft und kommen regelmäßig an den Punkt, an dem sie einander sehr verletzen. Es fallen Sätze wie: „Du bist der schlimmste Mensch, den man sich vorstellen kann" oder „Du bist ja sowas von eklig und abstoßend" oder „Für dein Alter siehst du ja sowas von fertig aus".

Die Probleme werden nicht besprochen und kommen stets zurück. Die Verletzungen auf beiden Seiten werden größer. Die Bereitschaft, einander zuzuhören, wird kleiner und kleiner.

Die Dynamik, in der sich beide ständig angreifen, verfestigt sich und lässt Johanna und Frank frustriert, traurig und wütend zurück. Beide haben das Gefühl, von dem/der PartnerIn nicht gehört, verstanden und akzeptiert zu werden. Durch die gegenseitigen Verletzungen versuchen sie, sich zu schützen, aber auch, eine gewisse Machtbalance in Stand zu halten. Sie versuchen zu verhindern, dass der/die PartnerIn stärker, somit mächtiger, in der Beziehung werden kann.

Diese Auseinandersetzungen setzten sich fort, bis Johanna an den Punkt kam, an dem sie darüber nachdachte, die Beziehung zu beenden. Oft ist das der Moment, wo Paare sich entschließen, eine/n PaartherapeutIn zu suchen. Leider braucht es dann schon wesentlich mehr Zeit, die negative Spirale umzukehren. Die Verletzungen auf beiden Seiten sind so groß, dass diese erst verarbeitet werden müssen; und je größer die Verletzungen, desto mehr Zeit braucht es.

Beide berichten nach und nach von den Situationen, die sie aufgebracht, verletzt, hilflos und traurig gemacht haben. Zunächst werden diese Dinge abgeladen, die Enttäuschung, der Frust, die Wut, das Gefühl der Ohnmacht. Erst danach wird es möglich, darüber zu sprechen, warum sie so gehandelt haben. Dann stellt sich heraus, dass sowohl Johanna als auch Frank mit den Verletzungen, die sie einander zugefügt haben, NUR probiert hatten, sich zu schützen.

Beide verstehen, dass sie fast genau dasselbe erlebt haben und sehr ähnlich aufeinander reagiert haben. Sich verteidigen! Bloß keine Schwäche zeigen, u. a. aus Sorge, der/die andere könnte zu mächtig werden. Dies entspringt dem Wunsch, Schmerz zu vermeiden.

Johanna und Frank haben beide in den frühen Jahren ihres Lebens Situationen erlebt, von denen sie sich überfordert fühlten. Sie waren nicht in der Lage, darüber zu sprechen oder ihren Schmerz zu zeigen. Sie hatten nicht die Worte, um ihre Gefühle auszudrücken; und konnten diese auch selbst nicht verstehen.

Können wir unsere Gefühle nicht klar genug spüren und ausdrücken, fehlen uns sprichwörtlich die Worte. Wir wissen nicht, ob wir z. B. nur wütend sind oder auch traurig; und dann sind wir gefangen in dieser Sprachlosigkeit.

Manche Menschen können in erster Linie ihre Wut fühlen, finden es aber schwierig, Traurigkeit zuzulassen, oder umgekehrt. Auch das kann eine Herausforderung sein und es verwirrender machen.

Kann ein Schmerz nicht verarbeitet werden, bleibt er sozusagen nahe an der Oberfläche, dann kann er in einer entsprechenden Situation getriggert werden. Im nächsten Kapitel wird dies erläutert.

26

Kindsein und schmerzhafte Erfahrungen

Warum und wie können Kindheitserlebnisse eine Paarbeziehung beeinflussen? Und welche Lösungen gibt es dafür?

Unser Beziehungsverhalten ist u. a. geprägt von unseren frühen Erfahrungen in der Kindheit und Jugend. Kinder und Jugendliche können sich ihre Eltern nicht aussuchen, genauso wenig wie Eltern sich ihre Kinder aussuchen können. Familien haben also wenig Wahl.

Kinder sind auf Ihre Eltern/Versorger angewiesen, sie können sich keine neuen Eltern herbeizaubern, wenn sie unglücklich sind. Selbst wenn sie es könnten, würden sie es meist nicht wollen. Kinder versuchen, auch mit schwierigen Situationen zurechtzukommen, haben jedoch nicht immer den entsprechenden Entwicklungsgrad erreicht. So können sie Situationen und Verhalten von

© Der/die Autor(en), exklusiv lizenziert an Springer-Verlag GmbH, DE, ein Teil von Springer Nature 2023
D. Meister, *Rettungsring Paartherapie?!*,
https://doi.org/10.1007/978-3-662-67279-2_26

sich und anderen nicht immer verstehen, artikulieren, analysieren oder damit umgehen. Es bleibt ihnen dann manches Mal keine andere Möglichkeit, als schmerzhafte Erfahrungen zu verdrängen.

Dies wiederum kann dazu führen, dass unterbewusst (oder auch bewusst) versucht wird, Situationen zu vermeiden, von denen man glaubt oder befürchtet, sie könnten ähnlich schmerzhaft sein oder dass man, auf die immer gleiche Art und Weise, darauf reagiert. Dies ist eine Einschränkung, die sich auch später auf die Paarbeziehung auswirken kann.

Wird die Vermeidung von Schmerz, der an bestimmte Situationen gekoppelt ist, ein verinnerlichtes Muster, dann bleibt es womöglich in Stand. Es kann dann in den Momenten, die eine Ähnlichkeit mit der ursprünglichen, schmerzhaften Situation haben, getriggert werden.

Meine Erfahrung ist, dass sich das für Menschen zu dem entwickeln kann, was ich eine/n „AutopilotIn" nenne. Es ist vergleichbar mit einem Programm, das verankert ist und läuft. Oft ist man sich dessen nicht einmal bewusst und man könnte es auch nicht einfach „ändern oder abschalten" , selbst wenn man verstehen würde, dass es eine automatische Reaktion ist.

Wenn die schmerzhafte Erfahrung aus der Kindheit oder Jugendzeit angetippt wird, wiederholt sich der Mechanismus, mit dem man damals versucht hat, mit der Situation fertig zu werden. Diese Reaktion hilft meist nicht, das ursprüngliche Gefühl zu verarbeiten, sondern es wird nur ein Muster wiederholt und bleibt damit in Stand. Die Gefühle und die Reaktion sind verwurzelt und müssen erst aufgearbeitet werden, damit eine neue Entwicklung stattfinden kann.

In vielen Fällen treffen in einer Beziehung zwei Menschen aufeinander, die gegenseitig genau die Punkte bei dem/r PartnerIn berühren, die nicht verarbeitet wurden. So kann eine Dynamik entstehen, in der dies endlos wiederholt wird. Dies spiegelt sich in den Aussagen von Paaren wider, wie: „Dauernd streiten wir uns auf die gleiche Art und Weise und kommen zu keinem Ergebnis. Die Atmosphäre wird immer negativer, wir halten es kaum noch aus. Aber wir kommen nicht aus dem Kreislauf heraus."

Haben sich diese Auseinandersetzungen verfestigt, können sie im weiteren Verlauf der Vermeidung von Schmerzen auch zu einem Machtkampf in der Beziehung werden. Haben sich die Fronten verhärtet, will keiner mehr „nachgeben", denn das würde sich wie eine Niederlage anfühlen, die man auf jeden Fall vermeiden möchte.

Ein Klient, ich nenne ihn Rolf, hatte seit 40 Jahren mit dem „Autopiloten" gelebt. Er erfuhr es als eine große Befreiung, endlich die dazugehörigen Gefühle spüren und ihnen Worte zuordnen zu können. Schmerzhafte Erfahrungen, die aus einer Zeit stammen, in der man Gefühlen noch keine Worte zuordnen konnte, bleiben oft auch im Erwachsenenalter noch vage. Nicht selten ist es ein Prozess des sich „Herantastens" , um die dazugehörigen Gefühle zu verstehen. Diese Emotionen sind oft eine Mischung aus Traurigkeit, Wut, Enttäuschung, Hilflosigkeit etc.

Meine Erfahrung ist, dass es mit der richtigen Begleitung möglich wird, den Ursprung der Gefühle zu entdecken, und dass das Verarbeiten auf mehreren Ebenen Erleichterung bringt:

- Das „Mit-teilen" der Erfahrung holt Menschen aus der Einsamkeit der Ursprungserfahrung heraus.
- Das Erlebnis, dass ein Schmerz (mit Unterstützung) auszuhalten ist, verarbeitet und dann aufgelöst werden kann.
- Die Erleichterung, wenn man Worte findet, die die Gefühle beschreiben.
- Die Erfahrung, dass man eine zusammenhängende Geschichte (Narrativ) entwickeln kann, die verstehen lässt, was man erlebt hat. Dies ermöglicht es, Erfahrungen, Gedanken und Gefühle in einen Kontext zu bringen.

War man dem Schmerz bisher „hilflos" ausgeliefert, ist die Hilflosigkeit durch das Erleben und Verarbeiten der Gefühle einem neuen Verständnis gewichen.

Solange Rolf das „Autopiloten-Muster" wiederholte, war er in seinem Verhalten festgelegt. Hatte seine Partnerin dies „getriggert", war seine Reaktion immer dieselbe. Ist dieses Muster aufgelöst, eröffnen sich neue Möglichkeiten, mit Situationen umzugehen und auf Menschen zu reagieren. Es wird sozusagen ein Raum geöffnet, in dem neues Verhalten und mehr Möglichkeiten ausprobiert werden können. Die Eindimensionalität weicht neuer Vielfältigkeit.

Wichtig finde ich in diesem Zusammenhang, dass es nicht darum geht, das alte Muster zu verurteilen. Im Gegenteil, es kann in bestimmten Situationen durchaus hilfreich sein.

Auch für Rolfs Partnerin, Susanne, kann diese Entwicklung eine wertvolle Erfahrung sein. Sie kann Rolf anders verstehen. Sein Verhalten in bestimmten Situationen, das vorher von ihr als Angriff erlebt wurde, kann nun in einem neuen Zusammenhang gesehen werden. Nachdem Rolf im Laufe der Zeit diesen Schmerz verarbeitet hatte und sich sein Verhalten verändert hatte, entstand ein neues Miteinander. Das Bewältigen einer persönlichen Herausforderung kann Paare auch auf einer tieferen Ebene neu miteinander verbinden.

Nicht verarbeitete Schmerzen werden fast immer in die Beziehung einfließen und sie beeinflussen. In welcher Form dies passiert, hängt auch von der Reaktion des/ der PartnerIn ab. Wir gehen davon aus, dass Rolfs Verhalten in bestimmten Situationen aufgrund früherer unverarbeiteter Erfahrungen nicht situationsgerecht ist. Wenn Susanne dies nicht auf sich bezieht oder wenn sie es relativieren kann, wird es nicht so schnell zu Streit, erneuten Verletzungen, Enttäuschungen oder Frustrationen kommen. Wird auch bei ihr eine alte Verletzung „getriggert", kommt es meist zu heftigeren Reaktionen auf beiden Seiten, die sich extrem schnell hochschaukeln können.

Ähnlich wie die unverarbeiteten Schmerzen, die Rolf mit sich herumgetragen hat, tragen viele Menschen unverarbeitete Erfahrungen mit sich herum, die aus ihrer Kindheit oder Pubertät stammen.

Eltern, Lehrer und Freunde können ein Kind nicht in jeder Situation richtig verstehen und entsprechend unterstützen oder fördern. So erleben wir alle enttäuschenden und verletzenden Situationen, während wir aufwachsen. Ob diese zu einem Problem werden, hängt von vielen Faktoren ab, die nicht nur mit dem Verhalten der Eltern, Lehrer oder Freunde zusammenhängt. Genauso wichtig ist es, zu verstehen, dass manche Eltern noch selbst alte Lasten mit sich herumtragen, die ihre Möglichkciten cinschränken.

Unverarbeitete Erfahrungen, Konflikte oder auch Traumata werden in der Paarbeziehung zum Tragen kommen. Wie gesagt, dies muss nicht zwangsläufig ein Problem sein. Vielleicht kann der/die PartnerIn positiv darauf reagieren und damit eine andere, fördernde Entwicklung unterstützen.

Doch oft genug scheint es, dass die Aussage „Unbewusstes findet Unbewusstes mit sicherem Instinkt" zutrifft. Zwei Menschen fühlen sich zueinander hingezogen, die sich gegenseitig in ihren unverarbeiteten, schmerzhaften Erlebnissen „anziehen". Damit triggern und fordern sie sich gegenseitig heraus. Das ist meine Erfahrung in der Arbeit mit Paaren.

Auch hier ist es wichtig, dass der richtige Moment und der richtige Umgang gewählt wird. Es soll ja vermieden werden, den Schmerz einfach nur zu wiederholen und womöglich zu vertiefen.

27

Vertrautheit

Was Vertrautheit bewirken und wie dies unser Verhalten beeinflussen kann.

Im Allgemeinen fühlen sich Menschen mehr zu dem hingezogen, was ihnen vertraut ist. Das trifft genauso auf menschliche Beziehungen zu. In der Regel fühlen wir uns mehr von jemandem angezogen, der/die uns das Gefühl gibt, dass wir ihn/sie kennen. Bei diesen Menschen können wir uns sicher fühlen, einfach weil wir eine Idee haben, was wir von ihnen erwarten können. Auch haben wir eine Vorstellung davon, was von uns erwartet wird. Und so können wir davon ausgehen, dass unser Verhalten meist stimmig ist. Wir finden uns ohne große Anstrengung zurecht.

Folgen wir dem Gefühl der Vertrautheit, kann uns das in sehr unterschiedliche Richtungen lenken, je nachdem,

© Der/die Autor(en), exklusiv lizenziert an Springer-Verlag GmbH, DE, ein Teil von Springer Nature 2023
D. Meister, *Rettungsring Paartherapie?!*,
https://doi.org/10.1007/978-3-662-67279-2_27

ob die Vertrautheit aufgrund von positiven oder negativen Erfahrungen entstanden ist. Was meine ich damit?

Nehmen wir den Fall an, dass jemand in einer problematischen Familie aufgewachsen ist, wo er/sie wenig Unterstützung und Aufmerksamkeit bekommen hat und schon früh für sich selbst sorgen musste.

Diese negativen Erfahrungen fühlen sich dann in gewisser Weise „normal" an, denn das war die Norm. Daran ist man gewöhnt und das ist vertraut. Gleichzeitig hat es einen Einfluss auf die Entwicklung. Vielleicht hat man dadurch ein geringeres Selbstwertgefühl entwickelt und stellt wenige Ansprüche, traut sich nicht, „nein" zu sagen.

Man verhält sich dementsprechend gegenüber anderen auf eine Art und Weise, die andere Menschen quasi dazu einlädt, sich genauso zu verhalten, wie man es „erfahren" hat. Die negative Erfahrung wiederholt sich. Da sie vertraut ist und man es vielleicht nicht anders kennt, bleibt man darin verhaftet.

So kann es sein, dass man sich mit Menschen „wohl" fühlt, die einen so behandeln, wie man es gewohnt ist. Eigentlich würde man gerne einmal die Aufmerksamkeit und Zuwendung spüren, die man vermisst hat; und doch harrt man in der Situation aus, da sie so vertraut ist. Das kann ein Dilemma sein, dessen sich jemand nicht wirklich bewusst ist und das sich in Paarsituationen einspielen kann. Der/die PartnerIn würde sich womöglich anders verhalten, wenn deutlich wäre, dass man etwas vermisst.

Vielleicht entscheidet man sich so für eine/n PartnerIn, der/die einem ein Gefühl der Vertrautheit vermittelt. Bei ihm/ihr fühlt man sich sicher, weil man das Verhalten so gut kennt, aber nicht unbedingt, weil es gut für einen wäre. In einer solchen Beziehung kann man in einem Kreislauf stecken bleiben. Man selbst wiederholt

nicht hilfreiches Verhalten und man erfährt nicht hilfreiches Verhalten von dem/der PartnerIn. Das bedeutet,
man bleibt in einer Dynamik, in der man sich, obwohl
sie sich vertraut anfühlt, nicht wirklich wohl fühlt. In
Paargesprächen kann das herausgearbeitet werden und
es kann eine Chance für beide PartnerInnen sein, sich zu
entwickeln (siehe Kap. 26 „Kindsein und schmerzhafte
Erfahrungen").

Ähnlich verhält es sich, wenn zwei Menschen beim
Kennenlernen das Gefühl haben, „sich auf Anhieb zu verstehen, so, als ob man sich schon immer gekannt hätte".
Alles fühlt sich vertraut an. Tatsächlich kann es sein,
dass man jemandem begegnet ist, der/die gut zu einem
passt. Es kann jedoch auch irreführend sein, wenn die
Anziehung auf negativen Erfahrungen beruht. Nach
einiger Zeit wandelt sich dann die Vertrautheit und wird
zu einer Enttäuschung und Herausforderung. Dies kann
eine Chance sein und Paartherapie kann helfen, sich selbst
und den/die PartnerIn besser zu verstehen.

Werden unsere alten Verhaltensweisen bestätigt, ist es
schwierig, aus diesem Kreislauf auszubrechen. Das Gefühl
der Sicherheit ist trügerisch, kann aber sehr stark sein. Tatsächlich würde man sich mit einem/r PartnerIn, der/die
letztendlich „besser" für einen wäre, wahrscheinlich nicht
so sicher und vertraut fühlen, denn man hat nicht die Verhaltensweisen gelernt, die dazu passen würden.

Natürlich kann es genauso sein, dass man sich zu
jemandem hingezogen fühlt, weil er/sie einem ein vertrautes Gefühl gibt und weil er/sie tatsächlich gut
zu einem passt. Einfach deshalb, weil man positive
Erfahrungen gemacht hat, die einen leiten. Man hat z. B.
erlebt, dass man mit Respekt, Wertschätzung, Liebe und
auf Augenhöhe behandelt wurde; und das ist die Norm
geworden, die einem vertraut ist und die man von einem/r
PartnerIn erwartet.

Es gibt alle Grautöne in der Frage, ob ein/e PartnerIn gut für uns ist, gut zu uns passt und ob sich dies irgendwann in unserem Leben auch verändert. Wenn es Schwierigkeiten in einer Beziehung gibt, heißt das nicht, dass sie schlecht für uns ist oder der/die PartnerIn nicht zu uns passt. Wenn wir verstehen, warum etwas in unserer Beziehung problematisch ist, können wir dies als Potenzial zur Entwicklung verstehen und daran arbeiten.

Vielleicht ist da auch die Hoffnung, dass man mit diesem/r PartnerIn ein Problem überwinden kann; die Vorstellung, dass man eine andere Erfahrung machen kann, die einen weiterbringt, oder dass eine alte Wunde geheilt wird.

Wenn uns bewusst ist, ob ein Gefühl der Vertrautheit auf negativen oder positiven Erfahrungen beruht, haben wir eine gewisse Distanz gefunden. Diese erlaubt uns, besser zu verstehen, was wir brauchen und wodurch unser Verhalten beeinflusst wird.

Sonja und Fritz

Sonja und Fritz fühlten eine große Vertrautheit, als sie sich kennenlernten. Diese hat sich jedoch gewandelt.

Für Sonja ist es z. B. sehr verletzend, wenn Fritz bei sich selbst bleibt und sie das Gefühl hat, den Kontakt mit ihm verloren zu haben. Sie merkt nach und nach, dass ihr Wohlbefinden stark von seinem Verhalten ihr gegenüber abhängt. Sie braucht seine körperliche Nähe und ein Gefühl des Verbundenseins, um in ihrer Balance bleiben zu können. Ist dies nicht ausreichend da, wird genau das in ihr angesprochen, was sie schon im Verhältnis zu ihrem Vater vermisst hat. Der alte Schmerz wird vervielfacht und sie fühlt sich verletzt, allein gelassen und zurückgestoßen. Genau hier spiegelt sich eine „negative" Vertrautheit.

Da Fritz wiederum relativ viel Raum für sich braucht, um nicht „überspült" zu werden, ergänzen sich die beiden „perfekt" in einer negativen Dynamik. Sie triggern sich gegenseitig. Wenn Sonja sich zurückgestoßen fühlt, wird sie emotional und macht Fritz auf eine emotionale Art und Weise Vorwürfe. Fritz fühlt eine Welle von Emotionen über sich zusammenbrechen, mit der er nicht umgehen kann und zieht sich noch mehr zurück, da er nicht versteht, warum Sonja immer wieder so emotional auf ihn reagiert; aus seiner Sicht gibt es keinen Grund dafür. Und selbst wenn er Sonja fragen würde, könnte sie ihm keine Antwort geben. Sie kann nicht den Abstand finden, um sich ihr Verhalten an-zu-schauen, und so können beide nicht die Distanz schaffen, die es ihnen ermöglichen würde, auf eine Metaebene zu gehen.

Für Fritz heißt Nähe in manchen Situationen „Gefahr für seine innere Balance". Im Laufe der Zeit treten die schönen Momente der Nähe in den Hintergrund und öfter und öfter wird damit ein negatives Gefühl assoziiert. Schließlich versucht Fritz, grundsätzlich Nähe zu vermeiden, was wiederum von Sonja als eine „Gefahr für ihre innere Balance" erlebt wird.

28

Realistische Erwartungen/ Vorstellungen

> Was kann man realistischerweise von seinem/r PartnerIn erwarten?

Paartherapie ist auch Edukation. Es ist wichtig, zu verstehen, was eine Beziehung „leisten" kann und wo die Grenzen sind. Natürlich lässt sich das nicht akkurat festlegen; und was für das eine Paar okay ist, mag für das andere Paar ein Problem sein. Deshalb ist es auch hier wichtig, die individuell unterschiedliche Situation von zwei Menschen zu verstehen.

Wo strapazieren unrealistische Erwartungen eine Beziehung unnötig?

© Der/die Autor(en), exklusiv lizenziert an Springer-Verlag GmbH, DE, ein Teil von Springer Nature 2023
D. Meister, *Rettungsring Paartherapie?!*,
https://doi.org/10.1007/978-3-662-67279-2_28

> Die Erwartungen, die wir an eine Beziehung haben, können unser Verhalten stärker beeinflussen, als wir auf den ersten Blick denken.

Unsere Erwartungen sind im Laufe unseres Lebens auf unterschiedliche Art und Weise entstanden. In erster Linie werden sie durch unsere Eltern und unsere Familie geprägt. Durch das, was sie uns vorgelebt haben, aber auch durch die Beziehung und Bindung, die wir zu ihnen hatten. Diese Prägungen entstehen über einen langen Zeitraum und haben eine gewisse Selbstverständlichkeit. Meist akzeptieren wir diese Realität unseres Lebens, ohne uns Gedanken darüber zu machen, einfach weil wir es nicht anders kennen.

Vielleicht spüren und entdecken wir im Laufe unserer Entwicklung, dass wir andere Ansichten haben oder Dinge anders machen wollen als das, was uns vorgelebt wurde. Haben wir andere Ideale oder Vorstellungen entwickelt, heißt das nicht, dass wir uns immer automatisch anders verhalten können.

Es braucht unsere Aufmerksamkeit und ein Bewusstsein, um es tatsächlich „anders" machen zu können. Manche Verhaltensweisen haben wir so verinnerlicht, dass wir gar nicht merken, dass wir es vielleicht genauso machen wie z. B. unsere Mutter, die unserem Vater ständig Vorwürfe machte. Etwas, das wir in unserer Beziehung anders machen wollten, aber dann feststellen, dass wir es oft genug selbst genauso tun.

Andere Einflüsse, die uns prägen, sind Erfahrungen, die wir im Laufe unseres Lebens machen, Freunde, die uns ihre Beziehung miterleben lassen, die Kultur, in der wir zu Hause sind, und auch die Medienwelt und Hollywoodfilme. Letztere geben vielen Menschen die Idee, dass es den einen richtige/n PartnerIn zu finden gilt; und wenn wir diese/n gefunden haben, werden wir glücklich sein.

Die Gefahr dieser Vorstellung liegt vor allem darin, dass wir womöglich erwarten, dass Liebe einfach da ist und bleibt. Ich will nicht ausschließen, dass es dies tatsächlich gibt. Für die Mehrheit gilt sicherlich, dass ein „aktives sich Bemühen" notwendig ist, um die anfängliche Anziehung und Verliebtheit weiterwachsen und/oder sich wandeln zu lassen. Dies kann eine Form der Liebe sein, die uns mal herausfordert, uns aber auch glücklich machen kann.

So ist es interessant, den Ansatz der Menschen zu hören, die eine arrangierte Ehe geschlossen haben. Oftmals kennen sie ihre/n EhepartnerIn kaum und haben deshalb auch ganz andere Vorstellungen und Erwartungen, was die gemeinsame Beziehung angeht.

Hier ein paar Beispiele, was Paare, die eine arrangierte Ehe eingegangen sind und mit denen ich gearbeitet habe, über Liebe und Beziehung denken:

- Das Bekenntnis zu einem/r PartnerIn ist ein erster wichtiger Schritt, um eine Grundlage für eine Beziehung zu schaffen.
- Liebe ist nicht einfach da, sondern wächst durch aktives Handeln und Gestalten.
- Man hat eine Verantwortung für das, was man erleben und leben möchte.

Hier kommt zum Ausdruck, dass man Verantwortung für das, was man schaffen und erhalten möchte, übernehmen will. Das setzt ein gewisses Bewusstsein voraus und eine Vorstellung davon, wie man das erreichen und umsetzen kann.

Hier einige Fragen als Einladung, zu überlegen, was denn passieren könnte:

- wenn ich von meinem/r PartnerIn erwarte, dass er/sie mich glücklich macht?
- wenn ich erwarte, dass mein/e PartnerIn schon weiß, was in mir vor sich geht, und meine Gedanken lesen kann (Abb. 28.1)?
- wenn ich hoffe, dass er/sie mir den Vater/die Mutter ersetzt, den/die ich vermisst habe, oder dass ich mich immer auf ihn/sie stützen kann?
- wenn ich erwarte, dass mein/e PartnerIn erahnen kann, was ich brauche, und dies dann auch für mich tut?
- wenn ich hoffe, dass mein/e PartnerIn mich nie verletzen wird?
- wenn ich erwarte, dass, was immer ich auch tue, mein/e PartnerIn mich lieben wird?

Abb. 28.1 Gedankenlesen gelingt in der Regel nicht. © Dagmar Meister 2022. All Rights Reserved

- wenn ich viele Erwartungen habe, aber nicht darüber nachdenke oder frage, was mein/e PartnerIn möchte?
- wenn ich denke, dass eine Beziehung einfach so funktionieren muss?

Unrealistische Erwartungen führen zu Enttäuschungen und oft zu Konflikten. Es ist nicht immer einfach, zu sehen, dass wir Erwartungen haben, und zu verstehen, welche das sind. Wenn sie verinnerlicht sind, fehlt oft die nötige Distanz, um uns selbst in unserem Verhalten einigermaßen objektiv wahrzunehmen. Selbstbild und Fremdbild sind oft unterschiedlich. Auch hier gibt es kein „richtig" oder „falsch", da unsere Wahrnehmung immer subjektiv ist.

Sonja und Fritz

Sonja hatte die Erwartung, dass Fritz sie glücklich machen würde und dass sie bei ihm die Nähe und Akzeptanz finden würde, die sie in ihre Kindheit vermisst hat. Sie erwartet von ihm, dass er Aufgaben übernimmt, die sie schwierig findet, und dass er ihr die Zustimmung gibt, die sie braucht, um an sich selbst glauben zu können.

Fritz wünscht sich, dass er und Sonja friedlich und entspannt miteinander zusammen sein können. Er glaubt, dass er dann die Herausforderungen, die auf ihn im Beruf und als Ehemann zukommen, besser meistern kann. Er versucht, auf Sonjas Wünsche und Bedürfnisse einzugehen, versucht ihr aber klarzumachen, dass sie seiner Ansicht nach zu abhängig von ihm ist. Er hofft, dass sie selbstständiger wird und weniger emotional auf Herausforderungen reagiert.

Was also passiert, wenn wir sehr hohe oder auch unrealistische Erwartungen haben, ist nicht eindeutig vorhersagbar. In jedem Fall wird es die Dynamik der Beziehung beeinflussen. Sind uns unsere Erwartungen bewusst, können wir sie aussprechen und haben die

Möglichkeit, ein Gespräch darüber zu führen. Bleiben sie vage und auf einem unbewussten Level hängen, wird es schwieriger. Dann ist die Gefahr groß, dass wir mit unseren Reaktionen kommunizieren und in einem Verhalten stecken bleiben, das unsere Beziehung belastet.

29

Zeichen der Veränderung

Im Laufe der Therapiegespräche gibt es Momente, in denen Veränderungen sichtbar werden.

Sonja und Fritz

In einem der Paargespräche erwähnt Sonja eine Situation, die für sie enttäuschend war. Sie erklärt im Anschluss, dass sie hier etwas von Fritz erwartet hatte, was sie selbst nicht tut. Dies war ein wichtiger Schritt in der gemeinsamen Arbeit. Es war ein Ausdruck dessen, dass sich etwas in ihrem Bewusstsein verändert hatte. Sie, die sonst sofort sehr emotional reagierte, blieb ganz ruhig und konnte über diesen Gedanken, den sie geäußert hatte, lächeln.

Auch Fritz lächelte leise und es schien sich auch in ihm etwas zu bewegen. Wie schön wäre es, wenn Sonjas Wahrnehmung noch „unparteiischer" würde, wenn sie ihn noch öfter anders wahrnehmen könnte; denn er will ja tatsächlich für beide nur das Beste.

© Der/die Autor(en), exklusiv lizenziert an Springer-Verlag GmbH, DE, ein Teil von Springer Nature 2023
D. Meister, *Rettungsring Paartherapie?!*,
https://doi.org/10.1007/978-3-662-67279-2_29

Diese Entwicklung ist eine Folge der immer wiederkehrenden gemeinsamen Blicke von außen auf die
Beziehung, die in Paargesprächen stattfinden. Es erlaubt
allen Beteiligten, auf eine Metaebene zu gehen. Dies ist
wie der Blick von einem Logensitz auf die Bühne eines
Theaters. Die Emotionen, die sonst womöglich über
einen oder beide hereinbrechen oder hochkochen würden,
können nun angeschaut werden. Dies gibt dem Paar die
Möglichkeit, zu entscheiden, wie sie damit umgehen
wollen.

Der Blick aus der Entfernung lässt alle viel mehr sehen,
als wenn sie mitten im Geschehen sind. Vor allem können
sie sich selbst wahrnehmen: in dem, was sie denken,
fühlen, in ihren Reaktionen und Interaktionen.

In den gemeinsamen Gesprächen erlebt das Paar
Momente der Hoffnung und Zufriedenheit, wenn beide
spüren, dass es bergauf geht; dass sie es in der Hand
haben, wie sich ihre Beziehung entwickelt, und es nicht
die Beziehung ist, die quasi ein Eigenleben führt und
den Alltag bestimmt. Das Paar erlebt, dass sie es sind, die
die Dynamik ihrer Beziehung kreieren, entwickeln und
formen können. Diese Erfahrung ist meist eine Offen-
barung. Ein Paar kann dann erfahren, welchen Unterschied dies im täglichen Leben macht.

Ein Teil dieses Prozesses ist die Veränderung ein-
gefahrenen Verhaltens. Anstatt sich zu beschweren oder
sich gegenseitig Vorwürfe zu machen, schaffen Paare es,
ihre Wünsche zu formulieren. Und sie sind nicht mehr so
leicht enttäuscht, wenn der/die PartnerIn nicht immer auf
einen Wunsch eingeht.

Es fällt ihnen leichter anzuerkennen, wenn sie den
Eindruck haben, dass ihr/e PartnerIn sich bemüht hat.
Sie beginnen, die positiven Schritte des/r anderen zu
würdigen, den/die PartnerIn mehr in ihr Leben einzu-
beziehen und mehr Verletzlichkeit zu zeigen.

Es gibt überraschende Momente, z. B., wenn eine/r sagt: „Ich würde gerne im Mittelpunkt deines Universums sein und das Gefühl haben, dass ich dir wichtig bin."

Manchmal fallen Paare aber auch in alte Verhaltensweisen zurück und sind enttäuscht. Dann braucht es Ermutigung und das Verständnis, dass es normal ist, in alte Muster zurückzufallen oder sich von einer bestimmten Situation überfordert zu fühlen.

30

Gegen die Realität kämpfen

Wenn wir uns in unserer Beziehung überfordert oder in die Ecke gedrängt fühlen, verlieren wir schnell den Überblick und reagieren auf unsere/n PartnerIn.

Fallbeispiel

Rolf erzählt mir, dass er weiß, dass Susanne anders denkt als er, und beschreibt eine typische Situation. Er bittet Susanne, die Teekanne aus der Küche mitzubringen und ist enttäuscht und leicht verärgert, dass sie keine Tassen mitbringt. Das muss man doch nicht extra sagen, findet er. Das weiß man doch. Susanne offensichtlich nicht. Daraufhin entsteht eine Diskussion darüber, ob Susanne hätte „antizipieren müssen", dass sie auch die Tassen hätte mitbringen sollen…

Obwohl er mir gerade erzählt hat, dass Susanne anders denkt als er, ist Rolf enttäuscht und macht Susanne einen Vorwurf. Das tut er seit Jahren, wissend, dass

D. Meister, *Rettungsring Paartherapie?!*,
https://doi.org/10.1007/978-3-662-67279-2_30

dies Susannes Verhalten nicht verändert hat und wahrscheinlich auch in Zukunft nicht verändern wird. Er „kämpft" gegen die Realität und verliert. Das ist ein Hinweis darauf, dass es sein kann, dass dies etwas mit ihm zu tun hat. Etwas, das darauf wartet, gehört, gesehen und verstanden zu werden.

Eine bestehende Realität zu bekämpfen kostet viel Energie, ist frustrierend und aussichtslos. Trotzdem ist es ein gängiges Verhalten in Paarbeziehungen. Da gibt es die Vorstellung, wie etwas sein soll; der Wunsch, der Wille, die Hoffnung, die sich wie ein Stehaufmännchen vor die Realität stellen, sodass diese ignoriert wird und dasselbe Verhalten wiederholt wird. Monat für Monat, Jahr für Jahr.

Manche Paare richten sich darin ein und es wird ein fester Bestandteil ihres Lebens. Wird dies von beiden akzeptiert, kann sich das zu einer Form des Miteinanderseins entwickeln. Doch für manche Paare bleibt es ein Problem und sie kommen an den Punkt, wo die Frustration zu groß wird.

Anstatt die bestehende Realität zu bekämpfen, haben wir die Möglichkeit, Einfluss auf die Umstände zu nehmen, in denen wir leben.

> **Wichtig** Mittlerweile kennen viele folgenden Leitsatz, der sich umgangssprachlich aus dem Gebet, dass von W. C. Wygal 1933 aufgeschrieben wurde, entwickelt hat:
>
> „Gib mir die Gelassenheit, die Dinge hinzunehmen, die ich nicht ändern kann, den Mut, Dinge zu ändern, die ich ändern kann, und die Weisheit, das eine vom anderen zu unterscheiden."

Zu akzeptieren, dass wir etwas nicht ändern können, kann uns herausfordern. Vielleicht fühlen wir uns dann hoffnungslos und ohnmächtig. Es kann sein, dass wir Zeit brauchen, dies zu akzeptieren und uns darauf einzustellen. Auch die Emotionen, die davon begleitet werden, können uns herausfordern. Und vielleicht brauchen wir Hilfe, um zu lernen, mit ihnen umzugehen.

Wie schon erwähnt, würden viele Paare gerne ihre/n PartnerIn verändern. Dabei übersehen sie, dass sie selbst viele Möglichkeiten haben, Einfluss zu nehmen, indem sie ihre Wahrnehmung, ihre Erwartungshaltung und ihr eigenes Verhalten ändern (siehe Kap. 8 „Vorwürfe, die gängigste Art, dem/r PartnerIn mitzuteilen, dass man nicht glücklich ist).

Es gibt Ressourcen, die uns hierbei helfen können, wie z. B. etwas mehr Gelassenheit zu entwickeln und die Offenheit, Neues zu entdecken. Auch kann uns eine bewusste Unvoreingenommenheit helfen, uns positiv überraschen zu lassen, sowie die Bereitschaft, etwas anderes auszuprobieren, wenn eine Sache nicht funktioniert; ebenso wie die Unbekümmertheit, die uns nach einer anderen Lösung suchen lässt, anstatt enttäuscht zu sein, wenn etwas nicht klappt.

Was bedeutet das für unser Verhalten in einer Beziehung? Wenn wir uns die Möglichkeit geben (können), realistisch, neugierig und spielerisch mit uns, unserem/r PartnerIn und der Beziehung umzugehen, kreieren wir einen neuen Raum. Dieser ermöglicht es uns, uns und die Welt um uns herum vielfältiger wahrzunehmen. Wenn wir experimentieren, Entdeckungen machen, offen und kreativ sind, können wir vielleicht eine gewisse Leichtigkeit spüren. Diese kann uns ermutigen, weiterzumachen und Neues auszuprobieren.

31

Verhandeln

Warum verhandeln wichtig ist und was dazugehört.

Beispiel

Der bekannte Paartherapeut Wolfgang Schmidbauer erzählt in einem Interview eine schöne Analogie: Eine Beziehung ist weniger wie ein Supermarkt, in dem man sich nehmen kann, was man haben möchte, sondern eine Beziehung ist eher wie ein Flohmarkt, wo wir verhandeln müssen, was wir haben wollen.

In einer Beziehung gibt es zwei Menschen mit unterschiedlichen Bedürfnissen und Wünschen, und das ist von Anfang an keine einfache Situation. Jedes Paar muss einen Weg finden, mit dieser Herausforderung umzugehen.

© Der/die Autor(en), exklusiv lizenziert an Springer-Verlag GmbH, DE, ein Teil von Springer Nature 2023
D. Meister, *Rettungsring Paartherapie?!*,
https://doi.org/10.1007/978-3-662-67279-2_31

Zunächst einmal ist es hilfreich, wenn beide PartnerInnen ihre Bedürfnisse und Wünsche kennen und diese artikulieren können. Genauso wichtig ist es, unsere eigenen Grenzen zu kennen. Wann können wir einen Kompromiss eingehen, der sich für uns richtig anfühlen würde? Wann würden wir das Gefühl haben, zu viel nachgegeben zu haben?

Vielleicht haben wir uns mit unserer/m PartnerIn einigen können und merken nach einiger Zeit, dass sich das Ergebnis doch nicht richtig anfühlt, und wollen neu verhandeln. Dann sollte ein weiteres Gespräch geplant werden. Verhandeln will gelernt sein, und wenn wir es nicht gelernt haben oder gewöhnt sind, braucht es ein wenig Übung.

Ein paar Fragen:

- Welche Möglichkeiten gibt es, zwei unterschiedliche Vorstellungen miteinander zu verbinden?
- Wie kommt man zu einem Kompromiss, mit dem sich beide wohlfühlen?
- Wie können zwei Menschen Ihre Bedürfnisse und Wünsche so artikulieren, dass sich der/die PartnerIn nicht bedroht, überfordert oder falsch verstanden fühlt?

Offen über Bedürfnisse zu sprechen, kann sich verletzlich anfühlen, denn der/die PartnerIn könnte „nein" zu den Wünschen sagen. Hält uns das davon ab, über unsere Bedürfnisse zu sprechen?

Was ist wichtig im Prozess des Verhandelns? Kann man die innere Ruhe finden und sich Zeit nehmen, um zu überdenken, was ein „Nein" des/der PartnerIn bedeuten würde und wie man das Gespräch fortsetzen möchte? Oder reagiert man sofort (sehr) emotional?

Kann man sich beim Verhandeln der Bedürfnisse und Wünsche vorstellen, dass einem auch die Bedürfnisse und Wünsche des/der PartnerIn wichtig sind? Ist man bereit, diese zu berücksichtigen, weil man will, dass man zusammen glücklich ist?

Warum ist es wichtig, verhandeln zu können?
Verhandeln klingt für manchen nach unnachgiebigen, verhärteten Fronten, wo um jeden Zentimeter gefeilscht wird. Das ist eine mögliche Form, doch sicherlich nicht die einzige.

Wenn mir mein Wohlbefinden genauso am Herzen liegt wie das meines/r PartnerIn, ist das eine gute Voraussetzung dafür, eine Lösung zu finden, mit der beide zufrieden sind. Angenommen, ich würde meine/n PartnerIn „übervorteilen", wäre das tatsächlich ein Vorteil für mich und die Beziehung?

Am Ende sitzen ja doch beide im selben Boot; d. h. wenn es einem/r PartnerIn nicht gut geht, wird das in irgendeiner Form zu der/dem anderen zurückkommen. Also alles, was beide in Wohlwollen und auch Liebe in die Beziehung investieren, für den/die andere/n tun oder auch für sich selbst tun, wird beiden zugutekommen. Aber vor allem wird es beide mehr miteinander verbinden.

In Paargesprächen gebrauche ich oft das Bild von zwei Menschen in einem kleinen Boot, die zusammen unterwegs sind. Bewegt sich eine/r zu heftig und das Boot kentert, fallen beide ins Wasser. Aber auch kleinere Bewegungen haben eine Auswirkung auf den/die PartnerIn und das kann man nicht verhindern, solange beide im selben Boot sind. Genauso ist es auch in der Beziehung. Ob man es möchte oder nicht, was man tut oder nicht tut, bewegt etwas für beide; wirkt sich auf beide aus (Abb. 31.1).

Habe ich das Gefühl, dass mein/e PartnerIn mich „immer" übervorteilen will, kann ich genau das ansprechen und die Dynamik, die dadurch entsteht, erklären und hoffentlich klären.

Abb. 31.1 Sitzt man gemeinsam in einem kleinen Boot, spürt man auch die kleinste Regung des/der anderen. © Dagmar Meister 2022. All Rights Reserved

Sind beide in der Lage, ihre eigenen Wünsche und Bedürfnisse SOWIE die des/der PartnerIn im Blick zu behalten, wird es einfacher, alles unter einen Hut zu bringen.

Habe ich das Gefühl, mein/e PartnerIn hat gar kein Interesse daran, dass es mir gut geht, muss ich mich fragen, ob ich den/die richtige/n PartnerIn an meiner Seite habe.

32

Empathie, Anerkennung und Wertschätzung

> Empathie, Anerkennung und Wertschätzung sind drei
> Möglichkeiten, eine Beziehung positiv zu beeinflussen.

Wenn in einer Beziehung Herausforderungen dominieren, können drei wichtige Dinge dazu beitragen, dass sich unser/e PartnerIn von uns gesehen, gehört und akzeptiert fühlt.

Wenn beide PartnerInnen in der Lage sind, sich in die andere Person hinein-zu-versetzen, sprechen wir von Empathie. Damit meine ich, dass beide die Sicht auf die Welt, Gedanken und Gefühle des/der PartnerIn verstehen können, auch wenn es nicht die eigenen sind. Dies wird vielleicht nicht immer gelingen, aber das ernsthafte Bemühen darum kann schon einen großen Unterschied machen, ob jemand sich gesehen und gehört fühlt.

Ebenso kann die Anerkennung und die Wertschätzung all dessen, was ein/e PartnerIn für den/die andere/n tut und als unterstützend, liebevoll und uns zugewandt empfunden wird, helfen, sich verbunden und akzeptiert zu fühlen.

Dies gibt Paaren also einen sehr kraftvollen Ansatz, um sich mit ihrem/r PartnerIn auf positive Weise zu verbinden. Wir alle wissen, wie gut es sich anfühlt, wenn wir die Rückmeldung bekommen, dass jemand bemerkt hat, dass wir uns bemüht haben; ebenso, wenn wir die Bestätigung erhalten, dass wir eine hilfreiche Idee hatten oder Einfühlungsvermögen und Mitgefühl gezeigt haben und so weiter.

In der Beziehung kann dies dazu beitragen, dass beide sich besser kennenlernen, schätzen lernen, sich gestärkt fühlen und sehr oft ermutigt es den/die PartnerIn, mehr von diesem Verhalten zu zeigen.

Verständlicherweise wird es schwieriger, die Handlungen unseres/r PartnerIn zu würdigen, wenn sich eine der negativen Dynamiken entwickelt hat, in die Paare oft verstrickt sind. Dies kann mit der Befürchtung zusammenhängen, dass man dadurch in der Beziehung an Macht verlieren könnte, wenn auch nur unterbewusst. Fast so, als würde der/die PartnerIn die Oberhand gewinnen, wenn man selbst vermeintliche Schutz- und Abwehrmechanismen fallen lässt, indem man sich anerkennend und wertschätzend verhält. Es scheint, als ob man an Stärke verliert und die Position, in der man sich sicher gefühlt hat. So nachvollziehbar es auch ist, positives Verhalten des/der PartnerIn unbemerkt vorüberziehen zu lassen, dies verstärkt potenziell den negativen Kreislauf.

Bemühen sich beide bewusst darum, das Positive im Verhalten des/der PartnerIn zu sehen und dies auch auszudrücken, ist das eine wunderbare Möglichkeit, ein neues Verhalten auszuprobieren und zu etablieren. Vor allem, wenn beide gleichzeitig Anerkennung und Wertschätzung ausdrücken, kann dies eine Aufwärtsspirale in Gang setzen. In meiner Arbeit mit Paaren habe ich die Erfahrung gemacht, wie kraftvoll das sein kann.

33

Übungen: Was kann helfen?
Ganz praktisch?

Vorschläge, die Paare ausprobieren können…
In der Regel braucht es Gespräche, die diese Übungen vorbereiten, und den „richtigen" Augenblick, um sie umzusetzen. Eine Metapher dazu wäre, der Samen allein lässt
keine Pflanze wachsen, es braucht einen guten Boden,
Wasser und Licht, um den Samen gedeihen zu lassen.
In diesem Fall wäre das die Bereitschaft von beiden, sich
auf die Übung einzulassen, und die Disziplin, die Übung
richtig umzusetzen und auch dranzubleiben.
Seien Sie also nicht entmutigt, falls diese Übungen nicht
direkt den gewünschten Erfolg haben. Und versuchen Sie
zu verstehen, warum es nicht funktioniert.
   Hier drei Übungen, die für viele Paare sehr hilfreich sind:

Die Zuhör-Übung
Das Paar nimmt sich jeden Tag 10–20 min Zcit. Beide
erzählen einander, wie sich fühlen, wie ihr Tag war,
was sie geärgert oder erfreut hat; und der/die andere

© Der/die Autor(en), exklusiv lizenziert an Springer-Verlag
GmbH, DE, ein Teil von Springer Nature 2023
D. Meister, *Rettungsring Paartherapie?!*,
https://doi.org/10.1007/978-3-662-67279-2_33

PartnerIn hört zu, ohne zu unterbrechen und ohne einen Kommentar dazu abzugeben. Es dürfen keine Vorwürfe oder versteckten Vorwürfe gemacht werden. Es wird in der „Ich"-Form gesprochen (siehe weiter unten).

In der richtigen Phase der Paargespräche eröffnet diese Übung einen neuen Raum. Nur zuhören bedeutet: Keine/r muss sich verantwortlich fühlen für den/die andere/n oder seine/ihre Gefühle. Beide verstehen besser, was in dem/r anderen vor sich geht – gedanklich und emotional. Beide lernen auszuhalten, was bei dem/r anderen passiert.

Die Stein-weiterreichen-Übung

Diese Übung hilft, wenn ein Paar sich sehr schnell in Streitereien verwickelt, bei denen nach einer Weile keine/r mehr zuhört.

Dabei hält eine/r einen Stein in einer Hand und sagt in maximal zwei kurzen Sätzen, was er/sie mitteilen möchte. Der/die andere PartnerIn hört zu und wiederholt genau das, was der/die erste gesagt hat.

Wenn der/die erste meint, das Wiederholte ist nicht richtig oder nicht vollständig wiedergegeben worden, sagt er/sie es noch einmal und gibt den Stein erst dann an den/die PartnerIn weiter, wenn die Botschaft richtig wiederholt wurde.

Dann antwortet der-/diejenige, der/die nun den Stein hält, auf die Aussage des/r ersten, ebenfalls in maximal zwei kurzen Sätzen. Und auf die gleiche Weise muss der/die PartnerIn, der/die den Stein nicht hält, so lange wiederholen, bis die Aussage korrekt ist.

Dies verlangsamt zwar ein Gespräch immens, was sich vielleicht schwierig anfühlt, aber es „zwingt" beide, einander zuzuhören und die Aussage des/der PartnerIn korrekt zu wiederholen, bevor sie antworten. Es hält die Emotionen oft auf einem niedrigeren Niveau.

Insbesondere wenn ein Paar eine Routine entwickelt hat, wo in einem Streit ein Wort das andere gibt, hilft dies, den Kreislauf zu durchbrechen.

Die beste Art, eine Botschaft auszudrücken, ist, dass wir über uns selbst sprechen, indem wir Sätze verwenden wie: Ich fühle – ich denke – ich fürchte – ich frage mich – ich hoffe – ich wünsche mir…

Jedoch nicht Sätze, die auch mit einer Ich-Botschaft beginnen, dann aber einen Vorwurf oder eine Provokation enthalten, wie: „Ich denke, dass mein/e PartnerIn im Unrecht ist." Eine mögliche Variante stattdessen wäre: „Ich habe eine andere Meinung zu diesem Thema".

Die Themen-Besprechungs-Übung

Diese Übung ist eine gute Übung für Paare, die ein Thema besprechen oder eine Entscheidung treffen wollen, besonders, wenn sie sich schnell in endlose Argumentationen verstricken, die in beiderseitiger Frustration enden.

Beide benennen ein Thema, z. B.: „Wie regeln wir das Bringen und Abholen der Kinder zur/von der Schule?"

Dann:

- Planen Sie eine Zeit und einen Ort ein, wann/wo Sie das Thema besprechen möchten.
- Limitieren Sie das Gespräch auf 20, 30, maximal 40 min.
- Bereiten Sie das Thema individuell vor und machen sich darüber Notizen.
- Es wird ausschließlich dieses eine Thema besprochen, alle Abweichungen werden auf eine Liste gesetzt (mögliche zukünftige Themen).
- Wenn das Gespräch beginnt, werden beide Notizen nebeneinandergelegt und die Gemeinsamkeiten werden abgehakt, denn hierüber brauchen Sie nicht zu sprechen. Diese bilden die Grundlage, auf der Sie aufbauen können.
- Alle unterschiedlichen Vorstellungen werden nun sichtbar.

- Jetzt ist Ihre Kreativität gefragt! Gibt es einen Kompromissvorschlag? Hat eine/r eventuell mehr Ressourcen als der/die andere? Gibt es die Möglichkeit eines Rotationssystems? usw.
- Schauen Sie, mit welchen Ideen Sie weiterkommen. Bleiben Sie stecken und kommen nicht weiter?
- Lassen Sie los und planen Sie ein neues Gespräch. Geben Sie sich Zeit, damit beide individuell erneut über das Thema nachdenken können.
- Und starten Sie von vorne.

Wichtig Bleibt eine/r unzufrieden zurück, haben Sie beide „verloren", denn die Unzufriedenheit der/des einen wird sich höchstwahrscheinlich im Miteinander widerspiegeln. Sind beide zufrieden, haben Sie beide gewonnen!

33.1 Abschluss: Entwicklung Fallbeispiel

Beispiel

Im Fall von Sonja und Fritz können wir sehen, dass beide sich auf vielen Ebenen verändert haben:

- Sie haben verstanden, dass ihr negativer Kreislauf (sie verfolgt ihn, er zieht sich von ihr zurück) ihnen nicht geholfen hat, sich miteinander verbunden und in der Beziehung sicher zu fühlen. Im Gegenteil, es hat dazu geführt, dass sie sich mit der Zeit immer hilfloser und deprimierter gefühlt haben.
- Sie haben im Laufe der Gespräche entdeckt, dass einige Verhaltensweisen, die sie in ihrer Ursprungsfamilie gelernt haben, ihr Beziehungsverhalten negativ beeinflusst haben; ebenso, dass diese Verhaltensweisen zum Teil die Wahrnehmung der Realität einseitig geprägt haben. Infolgedessen entsprachen ihre Reaktionen dann nicht der Situation, sondern ihrer subjektiven, etwas verzerrten Wahrnehmung.

- Sie haben gelernt, andere Ansichten und Meinungen besser zu akzeptieren. Sie können Unterschiede jetzt als eine Chance begreifen, voneinander zu lernen, anstatt sich angegriffen zu fühlen.
- Die Vorstellung, dass man Dinge innerhalb der Beziehung „verhandeln" kann, war zu Beginn der Sitzungen eine ihnen unbekannte Idee. Beide hatten keine Ahnung, wie man dies macht und dass man es lernen kann. Mit praktischen Übungen haben sie im Laufe der Zeit ihren persönlichen „Stil des Verhandelns" gefunden. Sie spüren, dass es ihr Verhältnis zueinander entspannt hat. Es hat sie in ihrem Vertrauen bestärkt, dass sie auch schwierige Situationen gemeinsam meistern können.
- Sie konnten ihre Erwartungen bezüglich ihrer Partnerschaft anpassen, z. B., dass es nicht die Aufgabe des/r einen ist, den/die andere/n glücklich zu machen; oder dass man nicht erwarten kann, dass der/die PartnerIn immer verfügbar ist; und dass Enttäuschungen Teil einer Beziehung sind.
- Sie haben gelernt, über ihre unterschiedlichen Bedürfnisse nach Distanz und Nähe zu sprechen; dadurch ist ihr Verständnis füreinander gewachsen.
- Sie haben gelernt, dass sich ihre unterschiedlichen Bindungsstile auf ihre Beziehung auswirken. Sie haben verstanden, dass sie u. a. deshalb nicht immer auf die gleiche Art und Weise z. B. auf Stresssituationen reagieren. Sie können nun akzeptieren, dass sie beide manchmal gegensätzliche Bedürfnisse haben. Während Sonja sich vielleicht mehr Nähe und Kontakt wünscht, um sich sicher zu fühlen, braucht Fritz vielleicht mehr Abstand, um sich nicht eingeengt zu fühlen.
- Im Laufe der Gespräche haben sie sich anders kennen- und schätzen gelernt. Sie konnten ihrer beider Bemühungen, eine liebevollere und entspanntere Beziehung zu schaffen, würdigen. Sie haben erlebt, wie positiv es sich auf ihre Beziehung ausgewirkt hat, dass sie einander Komplimente machen können, ohne dabei das Gefühl zu haben, „sich etwas zu vergeben" (Abb. 33.1).

Abb. 33.1 Eine Beziehung ist auch Teamarbeit. © Dagmar Meister 2022. All Rights Reserved

Teil V

Häufig gestellte Fragen zur Paartherapie

Dieses Kapitel behandelt einige praktische Fragen, die bei der Entscheidung, ob und welche Art der Unterstützung ein Paar in Anspruch nehmen möchte, eine Rolle spielen können. Im Folgenden wird ein kurzer Überblick über verschiedene Therapieformen gegeben, über Kostenmodelle, über den Zeitpunkt, wann Paartherapie sinnvoll sein kann, und Ideen wie man ein Gespräch zum Thema „Paartherapie" mit seinem/r PartnerIn vorbereiten kann.

34

Wann ist der richtige Zeitpunkt, Unterstützung zu suchen? Und wie erkennt man das?

Der richtige Zeitpunkt, Unterstützung zu suchen, ist etwas, dass jedes Paar nur für sich entscheiden kann. Aus meiner Erfahrung kann ich sagen, dass es einige Anhaltspunkte gibt, die helfen können, dies zu entscheiden.

Übersicht

Beispielsweise, wenn eine/r oder beide das Gefühl haben:

- dass sich etwas verändert hat, sodass das Gefühl der Zusammengehörigkeit und Verbundenheit über einen längeren Zeitraum deutlich vermindert ist;
- dass es immer öfter zu Auseinandersetzungen kommt, die man nicht befriedigend auflösen kann;
- dass eine/r sich zurückzieht und die Kommunikation mühsam und/oder schwierig geworden ist;
- dass eine/r sich nicht mehr so wohl fühlt in der Beziehung.
- dass eine Beziehung ausserhalb der gemeinsamen Beziehung zum Problem geworden ist.

D. Meister, *Rettungsring Paartherapie?!*, https://doi.org/10.1007/978-3-662-67279-2_34

Je früher man Unterstützung sucht, desto schneller lässt sich in der Regel verstehen, was die Dynamik verändert hat und was beide gerne verändern würden.

Natürlich ist es auch möglich, in einem späteren Stadium eine Beziehung positiv zu verändern. Der finanzielle und auch der zeitliche Aufwand sind jedoch größer, um dies zu erreichen. Die Monate und Jahre allerdings, die Menschen in einer schwierigen Beziehung leben, die sie belastet und in der sie nicht glücklich sind, sind wahrscheinlich der weitaus höhere Preis, den Paare zahlen. Die Zeit, die ein Paar in einer angespannten, unglücklichen und/oder frustrierenden Beziehung verbracht hat, kann niemand für sie zurückholen.

Immer wieder höre ich von KlientInnen, dass sie mit dem Wissen, das sie nun haben, nämlich, wie gut sich Probleme in den Griff bekommen lassen, die Gespräche schon vor Jahren gemacht hätten. Die Botschaft dieses Buchs ist also auch, zu vermitteln, wie sinnvoll es ist, sich früh genug Unterstützung zu holen.

Manche Herausforderungen kann ein Paar sicherlich selbst bewältigen und Lösungen dafür finden. Falls jedoch alle Versuche scheitern und sich eine gewisse Hilflosigkeit eingestellt hat, kann ein/e TherapeutIn die Unterstützung bieten, die ein neues Miteinander ermöglicht.

Es kann eine Herausforderung sein, den/die richtige/n TherapeutIn zu finden. Wenn man sich dessen von Anfang an bewusst ist und es als eine Hürde einkalkuliert, wird man nicht zu schnell entmutigt.

> Wichtig ist meiner Meinung nach, dass ein Paar jemanden findet, mit dem sich beide wohl fühlen und bei dem sie das Gefühl haben, sich in den gemeinsamen Gesprächen öffnen zu können. Eventuell braucht man zwei oder drei Anläufe, bis die richtige Person gefunden ist. Das kann frustrierend sein, ist aber sicher die Mühe wert.

Es ist hilfreich, sich im Vorfeld zu überlegen, was beiden wichtig ist, wie z. B. die Unparteilichkeit des/der TherapeutIn. Es kann auch helfen, Ziele zu bedenken, die man gerne erreichen möchte, wie z. B., dass ein Paar Gespräche führen möchte, die zu einem Konsens oder einer Lösung führen und nicht in Vorwürfen und Enttäuschung enden.

Je deutlicher ein Paar weiß, was es erreichen möchte, desto klarer können sie genau das ansprechen. Dies macht es ebenfalls einfacher, zu sehen, ob über einen gewissen Zeitraum Ziele erreicht werden.

35

Ist Paartherapie gleich Paartherapie?

Im Laufe der Jahre wurden unterschiedliche Herangehensweisen entwickelt, die alle zum Ziel haben, Paaren zu helfen, ihre Probleme zu lösen. Sie tun dies auf unterschiedliche Art und Weise. Deshalb ist es sicher gut, sich vorher einen Überblick zu verschaffen und zu verstehen, was zu den eigenen Vorstellungen passen würde.

Die verschiedenen Ansätze stehen oft in Zusammenhang mit den unterschiedlichen Ausbildungen, die für Paartherapie angeboten werden. Das heißt, die Art und Weise, wie PaartherapeutInnen arbeiten, kann sehr variieren. Die gängigsten Therapieformen reichen von Verhaltenstherapie über die Systemische Therapie und tiefenpsychologische Paartherapie bis hin zu verschiedenen Modellen wie:

© Der/die Autor(en), exklusiv lizenziert an Springer-Verlag GmbH, DE, ein Teil von Springer Nature 2023
D. Meister, *Rettungsring Paartherapie?!*,
https://doi.org/10.1007/978-3-662-67279-2_35

- Der „**Emotionsfokussierten Therapie**" **(EFT),** die von Sue Johnson entwickelt wurde (vgl. u. a. Johnson 2017);

  EFT geht davon aus, dass die meisten Beziehungsschwierigkeiten in Zusammenhang mit den Emotionen der PartnerInnen stehen. Indem sie sich auf diese konzentrieren, können die PartnerInnen lernen, effektiver und liebevoller zu kommunizieren. Die einzelnen Schritte des Prozesses bestehen darin, negative Interaktionszyklen zu deeskalieren und Interaktionen neu zu strukturieren und so dem Paar zu helfen, sich seiner Bedürfnisse bewusst zu werden und diese zum Ausdruck zu bringen. Sie lernen, besser aufeinander einzugehen.

- Der „**Gottman Methode**", die von Dr. John Gottman und Dr. Julie Schwartz Gottman entwickelt wurde (vgl. u. a. Gottmann et al. 2022);

  Die Gottman-Methode ist eine forschungsbasierte akademische Methode, die Techniken der Paarberatung einsetzt, um Zuneigung, Nähe und Respekt zu stärken. Diese Techniken helfen, Konflikte zu lösen, wenn ein Paar sich in einer Sackgasse befindet. Das Paar lernt, sich gegenseitig zu verstehen und Probleme in Ruhe zu besprechen.

- Der „**Imago Therapie**", die von Dr. Harville Hendrix und seiner Frau Helen La Kelly Hunt entwickelte wurde (vgl. u. a. Imago 2023);

  Die Imago-Beziehungstherapie hilft einem Paar, die Wurzeln negativer Emotionen und Verhaltensweisen sowie die Ursache für dysfunktionale Kommunikation in einer Beziehung zu verstehen. Die PartnerInnen lernen, dass Meinungsverschiedenheiten in einer Beziehung normal sind und durch Kommunikation gelöst werden können.

Der Berufsbegriff „PaartherapeutIn" ist nicht rechtlich geschützt und auch hinsichtlich der Ausbildung zum/r PaartherapeutIn gibt es keine Vorschriften.

Literatur

Gottmann, J. M.; Gottmann, J.S.; Abrams, D. & Carlton Abrams, R. (2022). *8 Gespräche, die jedes Paar führen sollte, ... damit die Liebe lebendig bleibt* (1. Aufl.) Ullstein.

Imago Deutschland. (2023, 2. Februar) *Paartherapie.* Imago – Beziehung bewusst gestalten. http://imago-deutschland.de/paartherapie/.

Johnson, S. (2017). *Liebe macht Sinn: Revolutionäre neue Erkenntnisse über das, was Paare zusammenhält.* (3. Aufl.) btb.

36

Wo finden Sie eine/n PaartherapeutIn?

Wie erwähnt, ist es möglich, dass Sie etwas Zeit investieren müssen, um eine/n geeignete/n TherapeutIn zu finden. Einige Ideen wer Ihnen helfen könnte oder wo Sie Informationen finden können:

- Empfehlungen von FreundInnen und/oder Familie,
- Ihr Hausarzt,
- das örtliche Wochenblatt/die Zeitung,
- natürlich finden Sie im Internet verschiedene Möglichkeiten (karitative Einrichtungen genauso wie private Praxen),
- in manchen Städten gibt es ein Service-Portal, z. B.: Service Portal Berlin (2023, 2. Februar) Psychologische Beratung und Paarberatung https://service.berlin.de/dienstleistung/328834/.

© Der/die Autor(en), exklusiv lizenziert an Springer-Verlag GmbH, DE, ein Teil von Springer Nature 2023
D. Meister, *Rettungsring Paartherapie?!*,
https://doi.org/10.1007/978-3-662-67279-2_36

Es gibt Einrichtungen, die Paartherapie kostenlos anbieten, doch die meisten möchten zumindest einen Beitrag oder eine Spende.

Um Ihnen ein paar Ideen zu geben, folgt hier eine Liste von Einrichtungen. Manche geben Informationen, die bundesweit gelten, andere sind je nach Ort unterschiedlich, d. h. die Diakonie in der einen Stadt bietet womöglich nicht das Gleiche an wie in einer anderen Stadt.

Auf vielen dieser Webseiten finden Sie Informationen u. a. auch zur Ausbildung der BeraterInnen.

- Pro familia – nicht kostenlos, aber eine Beratung soll nicht an der finanziellen Situation scheitern.
  Pro Familia (2023, 2. Februar). Paarberatung https://www.profamilia.de/angebote-vor-ort/baden-wuerttemberg/beratungsstelle-schwaebisch-hall/ beratungsangebote/paarberatung
- Caritas – katholische Beratung, die offen für alle ist, unabhängig von Konfession, Weltanschauung oder Nationalität; mögliche anfallende Selbstbeteiligung an den Kosten; bietet bundesweit online Beratung.
  Caritas (2023, 2. Februar). Ehe-, Familien- und Lebensberatung https://www.caritas.de/ hilfeundberatung/ratgeber/familie/ueberforderteltern/ ehe--familien-und-lebensberatung
- Die Diakonie Hamburg hat z. B. ein Gruppenangebot für Paare (maximal acht Paare), die sich an einem Abend für ca. zwei Stunden in der Woche treffen.
  Diakonie Hamburg (2023, 2. Februar). Eheberatung und Paarberatung https://www.diakonie-hamburg.de/ de/adressen/beratungszentrum/Eheberatung-und-Paar- beratung/index.html

- Die Diakonie Landshut bietet z. B. eine kostenlose Beratung für Paare unabhängig von ihrer Konfession. Sie bittet jedoch um eine Spende innerhalb der finanziellen Möglichkeiten eines Paares.
Diakonie Landshut (2023, 2. Februar). Was ist Ehe-Familien-Lebensberatung? https://www.diakonie-landshut.de/ehe-familien-und-lebensberatung/start/

37

Kosten Paartherapie und Krankenkassen

Die Kosten für eine Paartherapie werden in der Regel nicht von den Krankenkassen übernommen. Hier eine Zusammenfassung der Barmer Ersatzkasse.

Paartherapie gehört zu den Therapien, die allgemeine Lebensprobleme behandeln und gehört damit nicht zu den Leistungen, die von gesetzlichen Krankenkassen vergütet werden. Diese Therapien können empfehlenswert sein, aber die Kosten gehören eben nicht zum Leistungsspektrum der Krankenkassen (Barmer 2023).

> Die Kosten für eine Therapie bei einer/m PaartherapeutIn mit einer privaten Praxis können sehr unterschiedlich sein. Deshalb ist es gut, sich zeitnah zu informieren. Es werden in der Regel Sitzungen von 60 oder 90 min oder auch Workshops angeboten.

Literatur

Barmer (2023, 2. Februar). Wann übernimmt die Krankenkasse die Kosten einer Psychotherapie? https://www.barmer.de/gesundheit-verstehen/psychische-erkrankungen/kostenuebernahme-psychotherapie-1058416.

38

Haben Sie das Thema Paartherapie erwähnt und Ihr/e PartnerIn hat sich eher kritisch geäußert?

Was Sie tun können, wenn ihr/e PartnerIn skeptisch eingestellt ist und Sie es gerne einmal mit Paartherapie probieren möchten?

- Sie möchten mit Ihrem/r PartnerIn sprechen?
  Wichtig: Planen Sie es! Fragen Sie Ihre/n PartnerIn, wann ein guter Zeitpunkt dafür ist, sodass Sie ungestört miteinander reden können.
- Machen Sie sich eventuell Notizen über Ihre Gedanken und Wünsche, sodass Sie diese ruhig mitteilen können, und überlegen Sie, was Sie Ihre/n PartnerIn fragen wollen. Mögliche Denkanstöße:
- Warum scheint Ihnen Paartherapie eine gute Idee? Was erhoffen Sie sich davon? Gab es einen Anlass, der Sie auf die Idee gebracht hat? Was könnten Paargespräche Ihrer Meinung nach für Ihre Beziehung tun?

- Genauso wichtig und eventuell zu erfragen: Was für Bedenken hat Ihr/e PartnerIn? Gibt es konkrete Befürchtungen, z. B. dass man zurechtgewiesen oder sogar verurteilt werden könnte? Die Sorge, sich nicht verständlich genug ausdrücken zu können oder die Vorstellung, Sie wollen Ihre/n PartnerIn „umkrempeln und/oder zurechtstutzen", also verändern?

- Befürchtungen und Ängste sollten erst einmal akzeptiert werden. Vielleicht können diese im Laufe des Gesprächs genommen werden, z. B. „Wir nehmen uns die Zeit, jemanden zu suchen, mit dem wir uns beide wohl fühlen."

- Was könnte Ihre/n PartnerIn motivieren? Gibt es Dinge, die er/sie gerne besprechen, verändern würde? Was könnten die Paargespräche aus seiner/ihrer Sicht zur Verbesserung der Beziehung beitragen? Was würde er/sie sich denn wünschen, was anders laufen könnte?

- In den Paargesprächen geht es um Ihre Beziehung und wie Sie diese so gestalten können, dass Sie sich beide wohl darin fühlen und Herausforderungen gemeinsam meistern können. Es geht nicht darum, eine/n SchiedsrichterIn zu finden, der die eigene Meinung bestätigt, sondern jemanden, der/die beiden helfen kann, den anderen Standpunkt besser zu verstehen.

- Auch wenn Ihr/e PartnerIn vielleicht kein Problem sieht, wäre er/sie bereit, Sie zu unterstützen?

- Was Sie auf jeden Fall vermeiden sollten, sind Vorwürfe oder auch Druck aufzubauen, denn das hat in der Regel eine entgegengesetzte Wirkung.

- Denken Sie, Paartherapie wäre die allerletzte Chance? Möchten Sie Ihre/n PartnerIn vor die Wahl stellen? Entweder wir machen Therapie oder ich beende die Beziehung? Dann sollte das kein leeres Versprechen sein und Sie sollten sich über die Tragweite der Konsequenzen im Klaren sein.

Printed in the United States
by Baker & Taylor Publisher Services